Literaturwissen

für Schule und Studium

Alfred Andersch

Von Reiner Poppe

Philipp Reclam jun. Stuttgart

Mit 6 Abbildungen

Universal-Bibliothek Nr. 15219
Alle Rechte vorbehalten
© 1999 Philipp Reclam jun. GmbH & Co., Stuttgart
Umschlagabbildung: Alfred Andersch. Foto
Gesamtherstellung: Reclam, Ditzingen. Printed in Germany 1999
RECLAM und UNIVERSAL-BIBLIOTHEK sind eingetragene Marken
der Philipp Reclam jun. GmbH & Co., Stuttgart
ISBN 3-15-015219-4

Inhalt

I. Zeittafel

1914 4. Februar: Alfred Hellmuth Andersch wird als zweiter Sohn von Alfred Andersch (1875–1929) und seiner Frau Hedwig Andersch (1884–1976) im **Münchener** Stadtteil **Neuhausen** geboren. Der Vater entstammte einer Hugenottenfamilie, die in Ostpreußen beheimatet war. Die Mutter war österreichisch-tschechischer Herkunft. Zwei Brüder werden 1909 (Rudolf) und 1921 (Otto Wolfgang Martin) geboren.

1920 Alfred Andersch kommt in die Volksschule **München-Neuhausen**.

1924 Wechsel an das renommierte Wittelsbacher Gymnasium, dem Gebhard Himmler, der Vater Heinrich Himmlers, als Direktor vorsteht. Aus dieser Zeit sind erste literarische Versuche Anderschs bekannt.

1927 Andersch wird konfirmiert. Er empfindet das Zeremoniell als eine »peinliche Angelegenheit«.

1928 Wegen unzureichender Leistungen verlässt Andersch die Schule. Er beginnt eine kaufmännische Lehre in München. Intensive Beschäftigung mit Klassikern des Sozialismus (Lenin) und mit moderner sozialkritischer Literatur (U. Sinclair).

1930 Andersch ist für den Kommunistischen Jugendverband Bayerns (KJV) tätig.

1932 Jungfunktionär in Südbayern. Arbeitslosigkeit.

1933 Erste Verhaftung durch die Nationalsozialisten am 21. März im Zusammenhang mit den Ereignissen um den Reichstagsbrand. Nach seiner Entlassung im Mai übernimmt er verschiedene Gelegenheitsarbeiten, u. a. auch die eines Kuriers für die KPD. Am 9. September wird er ein zweites Mal verhaftet, doch noch am selben Tage wieder freigelassen. Diese Verhaftung wirkt in ihm schockartig nach. Er gibt seine Betätigungen für die KPD auf. Im Herbst wird er in der Lehmann'schen Verlagsbuchhandlung angestellt. Es beginnt eine Zeit des Nachdenkens und weit gespannter Lektüre.

1934 Er lernt Angelika Albert kennen, eine Halbjüdin und Tochter eines Münchener Chemiefabrikanten. – Erste Reise Anderschs nach **Italien**.

1935 Ein weiteres Mal in Italien. – Andersch heiratet Angelika Albert (5. Mai).

1936 Reise in die **Schweiz**.

1937 Andersch zieht mit seiner Frau nach **Hamburg** um. Tochter Susanne geboren (21. August).

1938 Werbetexter und Werbeleiter der Leonar-Werke (Fotopapier), bei denen sein Schwager einen leitenden Posten bekleidet.

1939 Ausbruch des Zweiten Weltkrieges. Andersch ist mit eigenen literarischen Arbeiten (Erzählung *Brüder*) und intensiver Lektüre befasst.
Die Ehe ist nicht harmonisch; Andersch lernt die Malerin Gisela Groneuer kennen.

1940 Andersch wird Soldat am Westwall, später in Nordfrankreich.

1941 Vorübergehende Entlassung vom Militär und ernsthafte literarische Arbeit.

1942 Werbeassistent bei der Kosmetikfirma Mouson & Co. in **Frankfurt a. M.** Aufenthalte u. a. in der Eifel bei Gisela Groneuer. – Erfolglose Bemühungen, literarische Texte bei Verlagen unterzubringen.

1943 Scheidung am 6. März. Andersch ist Werbeleiter bei Mouson & Co. Erneute Musterung und Vorbereitung zum Fronteinsatz auf einem Pionierlehrgang in **Siegen**.

1944 Veröffentlichung der Erzählung *Erste Ausfahrt* in der »Kölnischen Zeitung«; mit zwei weiteren Erzählungen war sie kurz zuvor noch abgelehnt worden. – Als Dolmetscher in **Oberitalien**. Desertion am 6. Juni und amerikanische Kriegsgefangenschaft. Ab Oktober im amerikanischen Kriegsgefangenenlager **Camp Ruston in Louisiana**. Erzählung *Amerikaner – Erster Eindruck*.

1945 Verlegung nach **Fort Kearney (Rhode Island)**. Mitte November Entlassung aus der Kriegsgefangenschaft und Rückkehr nach **Deutschland**. Sohn Martin geboren.

1946 Arbeit bei der »Neuen Zeitung« in **München**. Zusammen mit Hans Werner Richter gibt Andersch den »Ruf« heraus. Wegen Meinungsverschiedenheiten mit der amerikanischen Militärregierung legt er bald darauf seine Arbeit nieder.

1947 Andersch siedelt nach **Frankfurt a. M.** über und wird Mitarbeiter bei den »Frankfurter Heften«. Erstmals nimmt er an einer Tagung der »Gruppe 47« teil.

1948 Andersch übernimmt die Leitung des »Abendstudio« bei Radio Frankfurt. – Essay *Deutsche Literatur in der Entscheidung*.

1949 Erfolgreiche Teilnahme am Treffen der »Gruppe 47« mit *Weltreise auf deutsche Art*.

1950 Andersch heiratet Gisela Groneuer. Ihre Tochter Annette wird geboren.

1951 Arbeit an Romanen und Erzählungen. Leitung der Feature-Redaktion der Sender Hamburg und Frankfurt. Gleichzeitige Herausgabe der Buchreihe »studio frankfurt«. Andersch verlegt seinen Wohnsitz nach **Hamburg**.

1952 *Die Kirschen der Freiheit* erscheint in der Frankfurter Verlagsanstalt.

1953 **Nordland-Reise**.

1954 Andersch kündigt seinen Vertrag beim Nordwestdeutschen Rundfunk.

1955 Herausgeber der Reihe *Texte und Zeichen*. Vertrag mit dem Süddeutschen Rundfunk Stuttgart; Leiter der Redaktion »radio essay«.

1957 Der Roman *Sansibar oder der letzte Grund* erscheint. Der finanzielle Erfolg macht Andersch unabhängig.

1958 Andersch zieht nach **Berzona (Schweiz)**. – Teilnahme an einem deutsch-französischen Autorentreffen in Paris (Pfingsten).

1959 Roman *Die Rote* abgeschlossen.

1960 *Die Rote* und *Der Tod des James Dean*, eine Funkmontage, erscheinen.

1962 *Wanderungen im Norden* erscheint. Der Roman *Die Rote* wird verfilmt. – Andersch hält sich zehn Monate in **Rom** auf.

1963 Der Erzählband *Ein Liebhaber des Halbschattens* erscheint.

1964 Andersch geht für längere Zeit nach **Berlin**.

1965 Die Hörspielsammlung *Fahrerflucht* und die Essaysammlung *Die Blindheit des Kunstwerks* werden herausgebracht. Andersch begleitet ein Filmteam des Deutschen Fernsehens nach Spitzbergen und in die Arktis.

1966 *Aus einem römischen Winter* veröffentlicht.

1967 Der Roman *Efraim* erscheint. Andersch wechselt zum Diogenes Verlag nach Zürich, der fortan das Gesamtwerk betreut. Auszeichnung Anderschs mit dem Nelly-Sachs-Preis.

1968 Prix Charles Veillon für *Efraim*.

1970 Vortragsreisen durch die **USA** und durch **Kanada**. Die Erzählung *Tochter* erscheint.

1971 Erzählband *Mein Verschwinden in Providence*.

1972 Andersch wird Schweizer Staatsbürger. *Norden Süden rechts und links* (Essays und Reiseberichte) erscheint. Reise nach **Mexiko**.

1973 Arbeit am Roman *Winterspelt* trotz erheblicher gesundheitlicher Beeinträchtigungen (Gürtelrose und Diabetes). – Erholungsurlaub auf Juist. Lesungen in Hamburg, Pinneberg, Darmstadt. – *Hörspiele*.

1974 Feiern zum 60. Geburtstag. – Der Verlag bringt den

Materialienband »Über Alfred Andersch« als Ge-
burtstagsgeschenk heraus. Der Roman *Winterspelt*
erscheint. Reisen, Lesungen. Erkrankung gegen Ende
des Jahres.

1975 Andersch in Spanien, Portugal und in der (ehemaligen) UdSSR.

1976 Erscheinen des heftig diskutierten Gedichtes *artikel 3
(3)*; *Lin aus den Baracken*, die vorletzte der Franz-
Kien-Geschichten, erscheint in der Literaturzeit-
schrift »Kürbiskern«.

1977 Anderschs Gesundheitszustand verschlechtert sich.
Dialyse-Behandlungen werden erforderlich. Sie ver-
schlingen erhebliche Summen. – Gedichtsammlung
empört euch der himmel ist blau.

1978 Nierentransplantation (13. August); nur kurzzeitige
Entlastung. – Winterspelt verfilmt.

1979 65. Geburtstag – Ehrungen. Eine fünfzehnbändige
Studienausgabe seiner Werke erscheint, darunter auch
Neue Hörspiele. Arbeit an der letzten Franz-Kien-
Geschichte *Der Vater eines Mörders*, einer Schulgeschichte, die unter größten Anstrengungen zu Ende
geschrieben wird. – Ehrungen in Zürich für das
schriftstellerische Schaffen (30. November). – Andersch unternimmt die letzte größere Reise in die
Niederlande.

1980 Tod Alfred Anderschs in der Nacht vom 20. zum
21. Februar. – Im Herbst des Jahres wird *Der Vater eines Mörders* veröffentlicht; weitere postum veröffentlichte Erzählbände *Flucht in Etrurien* (1981) und
Erinnerte Gestalten (1986).

1985 erscheinen der Briefwechsel zwischen Alfred Andersch und Arno Schmidt und Andersch Briefe an
seine Mutter, ... *einmal wirklich leben*.

1987 Tod Gisela Anderschs.

II. Autor und Werk

Alfred Andersch hat kein Buch geschrieben, das nicht ›politisch‹ ist. Dennoch ist er kein politischer Schriftsteller. Er hat auch nichts geschrieben, was nicht autobiografisch ist. Dennoch ist er, wie Helmut Heißenbüttel schreibt, ein »antiautobiografischer« Schriftsteller[1]. Diese Widersprüche haben nur scheinbar Bestand. In der Geschichte der deutschen Literatur behauptet Alfred Andersch einen gesicherten Platz mit scharfem Profil, gleichwohl ein wenig isoliert. –
Wie kaum bei einem anderen deutschen Schriftsteller seiner Generation – Böll, Grass, Koeppen, Lenz oder Walser – waren Anderschs Leben und Schreiben engstens aufeinander bezogen. Ob in den frühesten Erzählungen, den verstreut und in unterschiedlichen Lebensabschnitten geschriebenen Franz-Kien-Geschichten, den Romanen – stets wird ein Bezug zur eigenen Lebenssituation hergestellt, sei sie zurückliegend oder aktuell nah. Überall konzentriert er das Wesentliche seiner Aussagen auf sich selbst, aber nicht auf sich als Person, sondern auf die Rolle des Schriftstellers und seiner Verantwortung gegenüber dem Menschen und der Geschichte. Besinnung auf das eigene Leben hieß für Andersch objektivierende Reflexion. Das Schlüsselwerk zum Verständnis des Schriftstellers Alfred Andersch ist der autobiografische Roman *Die Kirschen der Freiheit* (1952). Er gibt die Suche des fast 40-jährigen Autors nach einer Kunst und Politik, Verinnerlichung und engagierte Aktion, das sprachliche Experiment und die traditionelle Erzählkunst vereinenden Ästhetik wieder.
Es mag die Feststellung nicht verwundern, dass Anderschs literarisches Werk im Prinzip keine erkennbare Entwicklung aufweist, wohl aber und dies in auffallend eigenwilliger Sprache und Form: Experiment, Variation, Vertiefung

1 Helmut Heißenbüttel, »Meister der langen Wege«, in: Gerd Haffmans (Hrsg.), *Über Alfred Andersch*, Zürich 1987, S. 267.

und zahlreiche Verästelungen in seiner tour d'exploration durch die menschliche Existenz und die Möglichkeiten seines künstlerischen Ausdrucks. Mit dem bahnbrechenden Essay *Deutsche Literatur in der Entscheidung* (1948) betrat Andersch die Bühne der deutschen Literatur. Er verließ sie mit der Erzählung *Der Vater eines Mörders* (1980). In den ca. 30 Jahren seiner Tätigkeit als Schriftsteller entstand ein umfangreiches und weitverzweigtes literarisches Werk, das nahezu kein Genre vermissen lässt: kurze und längere Erzählungen, Romane, Reisebeschreibungen, Essays, Funk-Features, Hörspiele, Gedichte und eine beträchtliche Korrespondenz, verdichtet und auf den Punkt gebracht von Lothar Baier als »eine gegen den Strom geschriebene Chronik deutscher und europäischer Geschichte«[2].

Die wohl prägnanteste Charakteristik des Menschen und Schriftstellers Alfred Andersch dürfte Max Bense geschrieben haben (1963). Sie erfasst sehr gedrängt und zugespitzt die wichtigsten Lebens- und Schaffensstationen des Autors, zugleich mit diesen Daten der äußeren Biografie auch dessen Wesen und künstlerisches Anliegen im Bilde eines Menschen von »an sich haltender Radikalität« mit »Neigungen zu religiösem Sozialismus«[3]. Bense grenzte damit den Nach- und Querdenker, den engagierten Ästheten und kämpferischen Nonkonformisten zwischen den beiden Polen ein, die ihn zeit seines Lebens gefangen hielten, gelegentlich zu zerreißen drohten. Auf der einen Seite war er der zu jäher emotionaler Entladung neigende und in politischen sowie künstlerischen Fragen jeden Kompromiss ablehnende Schriftsteller. Auf der anderen Seite zeigte er sich als versöhnungsoffener Botschafter der Humanität, der die Menschen durch sein vermittelndes dichterisches Wort empfänglich machen wollte für Schönes und Erhabenes. Er

2 Lothar Baier, »Alfred Andersch. Eine Skizze«, in: A. A., *Meistererzählungen*, Zürich 1992, S. 183.
3 Max Bense, »Portrait Alfred Anderschs 1962«, in: Haffmans (Hrsg.) (Anm. 1), S. 20.

machte es sich nicht leicht, wie dies in einem Rückblick seines Kampfgefährten aus alten Tagen Hans Werner Richter
anklingt: »Er war ehrgeizig. Nicht ehrgeizig wie andere,
nein, sein Ehrgeiz reichte weit darüber hinaus. Kleinere Erfolge nahm er wie selbstverständlich hin, er beachtete sie
nicht sonderlich, sein Ziel war der Ruhm, der über Zeit und
Raum und Tod hinausging, weit hinaus. Er sprach unge-
hemmt darüber, ohne jede Selbstironie.«[4]
Anderschs literarisches Wirken setzte nach 1945 mit dem
Beginn einer neuen deutschen Literaturepoche ein. Seine
Belesenheit und Urteilsfähigkeit, die von ihm vertretene ästhetische, politische und soziale Programmatik wären nach
Ansicht B. Jendrickes ausreichend gewesen, »ihn zu einem
Literaturpapst werden zu lassen«[5]. Diese Rolle wollte An-
dersch nicht übernehmen. Er, der Literatur leidenschaftlich
liebte und, wo immer es möglich war, sich dem organisier-
ten Literaturbetrieb ebenso leidenschaftlich entzog, unterwarf sich einem einzigen Ziel, in dem er die eigentliche Aufgabe und Herausforderung für den Schriftsteller sah, »am
Frieden mitzuarbeiten«[6]. So war er auch in der berühmten
»Gruppe 47« ein zwar aufmerksamer, aber nie betont auf-
fällig in Erscheinung tretender Gast.
Mindestens ebenso wichtig wie die Literatur war für Andersch das Reisen. Wie kaum einer seiner Zeitgenossen vermochte er, fremdes Terrain mit allen Sinnen aufzunehmen
und im verdichteten Wort zurückzugeben. Er hat nicht die
ganze Welt bereist. Sein Reiseradius, in der Jugend noch
begrenzt auf die bedeutenden Kunst- und Kulturstätten
Münchens, auch auf die bayerischen Alpen, erweiterte sich
mit den Jahren. Italien zog ihn immer wieder an, Frankreich

---

4 Hans Werner Richter, *Im Etablissement der Schmetterlinge. Einundzwanzig
  Portraits aus der Gruppe 47*, München ²1993, S. 29.
5 Bernhard Jendricke, *Alfred Andersch mit Selbstzeugnissen und Bilddokumenten*, Reinbek bei Hamburg 1988, S. 7.
6 Alfred Andersch, »Papier, das sich rot färbt«, in: *Kürbiskern. Literatur,
  Kritik, Klassenkampf*, 1979, Heft 2, S. 6, zitiert bei Bernhard Jendricke
  (Anm. 5), S. 7.

und die Schweiz, England und Skandinavien, Mexiko und die USA, Kanada und die damalige Sowjetunion. Anderschs Reiseprosa bildet ein Werk für sich, das sich jedoch harmonisch in das Gesamtbild seines Schaffens eingliedert.

Vorrangig war Andersch ein Erzähler. Bereits als Kind war er darin produktiv wie wohl die meisten Schriftsteller. Für das Geschriebene, darunter auch zahlreiche Gedichte, fand er zunächst keine Abnehmer. Das lag an den Lebensumständen dieses umtriebigen Menschen und an der Zeit. Aus seinen Anfängen datieren einige Erzählungen, zusammengestellt in dem 1986 herausgekommenen Band *Erinnerte Gestalten*. Die Veröffentlichung seiner ersten, stilistisch noch unfertigen Erzählung in der *Kölnischen Zeitung*, *Sechzehnjähriger allein* (= *Erste Ausfahrt*), feierte er am 25. April 1944. Bemerkenswert, was den Rezeptionsverlauf des Anderschen Werkes angeht, ist die Tatsache, dass seine Lyrik, für die er sich parallel zu seinem erzählerischen Werk bis in die letzten Jahre seines Lebens sehr engagierte, erst relativ spät beachtet wurde. Sie liegt seit 1977 in dem Band *empört euch der himmel ist blau* vor und enthält neben eigenen Gedichten eine Vielzahl von Übertragungen anderer.

Andersch hatte keine Probleme damit, als ›konservativer Erzähler‹, als Traditionalist, eingestuft zu werden. Von den Versuchen anderer zeitgenössischer Autoren, »zu ganz neuen Aggregatzuständen der Sprache zu kommen«[7], hielt er nicht viel. Es ist mir unverständlich, wenn H. L. Arnold mit einem gewissen Anspruch auf ein abschließendes Urteil schreibt: »Als Erzähler und Romancier ist Alfred Andersch überschätzt worden«.[8] Dem widersprechen glücklicherweise Dutzende wertschätzender Aussagen von Schriftstellern und Rezensenten, die keineswegs mit der Absicht abgegeben worden sind, dem von schwerer Krankheit ge-

---

7 Alfred Andersch in: Horst Bienek, *Werkstattgespräche mit Schriftstellern*, München 1965, S. 143.
8 Heinz Ludwig Arnold, *Die westdeutsche Literatur 1945 bis 1990. Ein kritischer Rückblick*, München 1995, S. 56.

zeichneten Kollegen zu schmeicheln oder ihn aufzuwerten.
Unter den zahlreichen großen Auszeichnungen, mit denen
man ihn weltweit ehrte, fehlt nur der Nobelpreis.
Anderschs Leben lässt sich in fünf große Abschnitte ein-
teilen. Markante Zäsuren, deutlich vom Verlauf der Geschichte bestimmt, machen diese Einteilung plausibel:
Kindheit und Jugendzeit bis zum Austritt aus der Kommunistischen Partei; Nazi-Deutschland und Zweiter Weltkrieg; Desertion und geistig-politische Umerziehung in
den USA; Weg zum freien Schriftsteller; Leiden an Deutschland – jeder dieser Lebensabschnitte ist, erfahrungsgesättigt,
literarisch dokumentiert.
Erste Lebensstation von Alfred Andersch (der nichts anderes als »Schriftsteller« werden wollte, wie Franz Kien, niemand anders als der junge Alfred Andersch selbst, in der
bedeutenden Erzählung *Der Vater eines Mörders*, trotzig
seinem Direktor entgegenschleudert), war München, die
Stadt seiner Kindheit und Jugend. Sein konservativ-national
geprägtes Elternhaus und Schulen mit einem Geist, der den
Traditionen und dem klassischen Erbe mehr verpflichtet
war als der wachen Auseinandersetzung mit einer sich spür-
bar schärfer nach ›rechts‹ verändernden Zeit, brachten Andersch rasch auf Konfrontationskurs. Die Abenteuerbücher
seiner Kinderjahre wurden bald von den Werken der großen sozialistischen Gesellschaftsreformer verdrängt, in die
sich der junge Mann eifrig vertiefte. Das Weltbild des jungen Alfred Andersch stand, je älter er wurde, in krassem
Gegensatz zu dem seines Vaters, der als Mitglied der rechtsnationalen »Thule-Gesellschaft« sehr früh die zukünftigen
Machthaber des Nationalsozialismus kennen lernte, unter
ihnen Rudolf Heß und Adolf Hitler. Der Familie Andersch
ging es in diesen Jahren noch verhältnismäßig gut. Alfred
und sein älterer Bruder Rudolf (der jüngste Bruder Martin
wurde erst 1921 geboren) wuchsen in einer kultivierten
Häuslichkeit auf. Vater Andersch unterhielt freundschaftli-

che Verbindungen zu bedeutenden Künstlern und wohlhabenden Geschäftsleuten. Mit seiner Erkrankung und dem Verlust seiner beruflichen Existenz begann der wirtschaftliche Niedergang der Familie. Die Mutter musste mit einer schmalen Witwenrente auskommen. Alfred Anderschs einsame Wegsuche begann. Vieles in seinem literarischen Werk deutet darauf hin, dass er diese Jahre seiner Kindheit und Jugend emotional nie überwunden hat. Andersch war kein guter Schüler; begabt war er zweifellos. Er musste das traditionsreiche Wittelsbacher Gymnasium, auf das ihn seine Eltern trotz verzweifelter finanzieller Lage geschickt hatten, vorzeitig verlassen. In einem Münchener Verlag begann er eine kaufmännische Lehre, die er mit einer guten Beurteilung abschloss. In der Franz-Kien-Geschichte *Alte Peripherie* werden Szenen dieser Lehrzeit lebendig. In den wirren Jahren der späten Weimarer Republik hatte Andersch keine Chance, eine Anstellung zu finden. Er war arbeitslos und mit ihm mehr als vier Millionen. –
Anderschs Verhalten in den gesellschaftlichen und politischen Umbruchjahren zwischen 1923 und 1933 war von drei auffälligen Verhaltens- und Handlungsdispositionen bestimmt: von seiner Neigung zu Einzelgängerei; von seinem Interesse an den großen Zeugnissen der Kunst und Kultur, die ihm seine Heimatstadt in reichem Maße bereithielt; von seinem protestgeleiteten sozialen Engagement auf der Seite der Kommunisten. Rilke – Zuneigung, immer wieder; später auch für Ernst Jünger. In *Die Kirschen der Freiheit* spiegelt sich das Erleben der Kindheit und Jugend ebenso wider wie in den autobiografischen Erzählungen *Die Inseln im Winde*, *Lin aus den Baracken* oder *Der Vater eines Mörders* (drei der insgesamt sechs Franz-Kien-Erzählungen).
Anderschs Tätigkeit für die Kommunistische Partei, die als eindringlicher Reflex in dem Roman *Sansibar oder der letzte Grund* (1957) wieder aufleuchten wird (Gregor), brachte ihn zweimal ins Dachauer KZ. Die dortigen Erlebnisse brachten ihn nach weniger als einem Jahr dazu, sich

zukünftig jeder ideologieverpflichteten Tätigkeit zu enthalten: »Als ich in den Stunden, die meiner zweiten Verhaftung
folgten, auf der Holzpritsche in einer großen, überfüllten
und stinkenden Zelle der Münchener Polizeidirektion lag,
packte mich die Angst [...]. An diesem Abend hörten wir
zum erstenmal den Laut von Schüssen, die uns galten [...].
An jenem Tage wäre ich zu jeder Aussage bereit gewesen,
die man im Verhör von mir verlangt hätte [...]. Als ich das
Gebäude der Polizeidirektion verließ und unter die späte
Sonne eines Münchener Septembertages trat, [...] wußte
ich, daß ich meine Tätigkeit für die Kommunistische Partei
beendet hatte« (*Die Kirschen der Freiheit*, 43 ff.).
Im anschließenden noch kriegsfreien zweiten Lebensab-
schnitt, in den Jahren zwischen 1933 und 1939, suchte Andersch Ruhe und Ordnung in sein Leben zu bringen. Eine
politische Desillusion lag hinter ihm. Mehr und mehr gehörte der Alltag dem totalen Staat, auf den Andersch mit
der »totalen Introversion« antwortete (*Die Kirschen der
Freiheit*, 46). Die Zielrichtung für sein weiteres Leben war
klar: er wollte mit Schreiben seinen Lebensunterhalt verdienen. Zunächst galt es jedoch, den Lebensunterhalt zu sichern. Andersch hatte Glück. Er fand eine Anstellung bei
der Lehmann'schen Verlagsbuchhandlung.[9] Er fand auch
eine Frau fürs Leben, wie es schien, Angelika Albert, die er
1935 heiratete. Angelika Albert entstammte einer gutbür-
gerlichen, zudem begüterten Familie mit weitreichendem
Einfluss. Durch sie gewann Andersch Anschluss an das literarische München, ohne jedoch selbst bereits als Autor
Erfolg zu haben. In diese Jahre fielen die ersten größeren
Reisen Alfred Anderschs, nach Italien (1934) und in die
Schweiz (1936). Literarisch wurden sie unmittelbar kaum
verwertet.
Im Jahr 1937 ging Andersch auf das Angebot seines Schwa-
gers Fritz Albert ein, in Hamburg die Werbeleitung der

9 Wurde während des Aufstiegs der Nationalsozialisten zu einem der führenden nationalen Verlage in Deutschland.

Leonar-Werke zu übernehmen. Diese Tätigkeit, die er bis 1940 sehr kreativ ausübte, stabilisierte nicht nur die wirtschaftliche Basis seiner jungen Familie (1937 wurde die Tochter Susanne geboren), sondern gab auch seiner künstlerischen Entwicklung förderliche Impulse. In Fritz Albert fand Andersch einen an Kunst interessierten und kritischen Gesprächspartner. Fritz Albert verstarb im Alter von 50 Jahren. Alfred Andersch gedachte dieses Menschen, den er sehr geschätzt hatte, Jahre später in dem Hörspiel *Biologie und Tennis* (1950). Teils im Firmenauftrag, teils allein und bereits unter den Anzeichen seiner sich auflösenden Ehe unternahm Andersch in diesen Jahren viele Ausflüge und Reisen. Er erschloss sich dabei die ihm so fremde Landschaft an Nord- und Ostsee und hielt die Eindrücke in zahlreichen mehr oder weniger ausgeformten Notaten fest, ehe in der Erzählung *Brüder* (1939), in *Die Kirschen der Freiheit*, auch in *Sansibar oder der letzte Grund* die Erinnerungsbilder abgerufen und neu verarbeitet wurden. Dabei wird in *Brüder* bereits etwas von dem deutlich, was S. Reinhardt als charakteristisch für die Prosa Alfred Anderschs erkennt, die Bedeutung der »Choreographie des politischen Augenblicks«[10], der im Verlaufe der Einzelinterpretationen noch wiederholt angesprochen werden wird. –
Der Soldat Alfred Andersch, der im März 1940 seinen Eid auf den Führer geleistet hatte, erlag für Momente der Begeisterung und dem Irrtum anzunehmen, Hitler würde tatsächlich den 1939 entfesselten Krieg siegreich zu Ende führen können. Später war er entsetzt über seinen eigenen Irrglauben. Inzwischen hatte er Gisela Groneuer kennengelernt, eine verheiratete Mutter von zwei Kindern und schwanger mit einem dritten. Die auf beiden Seiten bereits erschütterten Ehen brachen auseinander. Der angehende Schriftsteller und die angehende Künstlerin, die an der Köl-

---

10 Mit dieser Zuweisung überschrieb Andersch seine Rezension des Romans *Tauben im Gras* von Wolfgang Koeppen. Vgl. Stephan Reinhardt, *Alfred Andersch. Eine Biographie*, Zürich 1996, S. 240.

ner Werkkunstschule studierte, taten die ersten Schritte in
ein gemeinsames Leben hinein, zu dem ihnen der Krieg und
der sich über Deutschland verfinsternde Himmel aber nicht
viele Gelegenheiten boten. Die Verbindung zwischen Andersch und Gisela Groneuer hielt trotz des großen räum-
lichen Abstandes und der schwierigen Zeiten und wurde
sogar fester. Einer Verfügung Hitlers, derzufolge alle ehemaligen KZ-Häftlinge unverzüglich aus der Wehrmacht zu
entlassen seien, verdankte Andersch eine unverhoffte Frei-
stellung, und er trat wieder in die Dienste der Hamburger
Leonar-Werke. Seine Tätigkeit im Außendienst erlaubte
ihm, Gisela Groneuer öfter zu besuchen, die in der Nähe
des Eifelstädtchens Prüm zu Hause war – in jenen Jahren
eine wahrlich noch unerschlossene Region. Aber auch seiner ersten Frau, von der er noch nicht geschieden war,
fühlte er sich verpflichtet, und so pendelte er öfter zwischen
dem Norden und dem Westen. 1942 wechselte Andersch
zur Werbeabteilung der Firma Mouson nach Frankfurt. Er
konnte öfter mit Gisela Groneuer zusammen sein. Die Eifel
wurde nun zu seinem bevorzugten Erkundungs- und Le-
bensraum, in der er später den großen Roman *Winterspelt*
(1974) ansiedelte. Im Herbst 1943 wurde Andersch wieder
eingezogen. Von Siegen wurde er nach Dänemark verlegt,
dort wechselte er mehrfach seine Dienstorte. Endlich hatte
er mit seiner Erzählung *Erste Ausfahrt* Erfolg. Sein ganzes
Sinnen und Trachten war darauf gerichtet zu überleben und
sich als Schriftsteller eine Zukunft aufzubauen. Je länger der
Krieg dauerte, desto mehr festigte sich in ihm die Absicht,
der totalen ideologischen und faktischen Vereinnahmung so
rasch wie möglich zu entkommen. Die erneute Verlegung,
diesmal nach Italien, machte es möglich. Er setzte sich von
seiner Truppe ab und wurde am 6. Juni 1944 von den Amerikanern gefangen genommen.
Der erwähnte Fluchtbericht, von Andersch zu einem persönlichen und literarischen Dokument von herausragender
Bedeutung stilisiert, unbestritten auch im Zusammenhang

Alfred Andersch als Soldat 1943/44

mit der Haltung und Rolle von deutschen Schriftstellern im
Zweiten Weltkrieg am häufigsten zitiert, hatte in der Erzählung *Flucht in Etrurien* (erst 1981 im gleichlautenden Erzählband mit zwei weiteren ›Kriegserzählungen‹ veröffentlicht) einen Vorläufer. Die Titelerzählung dieses Bandes ist
mehr als nur ein präludierender Entwurf und wurde von
der Kritik übereinstimmend als ein Beispiel qualitativ hoch-
stehender literarischer Prosa gewertet. –
Die Zeit in der amerikanischen Gefangenschaft und die
darin erfolgte »Umerziehung« (re-education) schufen die
Voraussetzung für Alfred Anderschs hörbaren Eintritt in
die Welt der Literatur. Ungehindert konnte er sein immen-
ses Lesebedürfnis befriedigen und sich mit den modernen
geistigen Strömungen der Zeit befassen. Die amerikanischen Autoren Hemingway und Faulkner wurden zu bedeutenden Orientierungen für sein eigenes Schreiben, aber
auch die französischen Existentialisten Albert Camus und
Jean-Paul Sartre. In der Gefangenschaft lernte er u. a. Hans
Werner Richter kennen, mit dem er eine Lagerzeitschrift
herausgab. Gemeinsam setzten sie nach ihrer Entlassung die
begonnene Arbeit in Deutschland mit der Zeitschrift *Der
Ruf* fort. Die Krise der Zeit und der Menschen nach dem
Zweiten Weltkrieg, Aufbruchsgeist und neue geistige Ziele –
sie wurden in dieser vornehmlich literarischen Zeitung thematisiert. Zur ersten Ausgabe schrieb Hans Werner Richter:
»Auf meinem Redaktionstisch liegt die erste Nummer des
neuen *Ruf*. Es ist ein ganz anderer Ruf als jener, der in
Amerika herauskam. Die Tendenz hat sich umgedreht, ja, in
ihr Gegenteil verwandelt. Statt Bekenntnis zur Kollektiv-
schuld Ablehnung und Gegenwehr, statt Anerkennung der
Maßnahmen der amerikanischen Militärregierung Kritik,
statt Anlehnung an die politische Linie der Sieger bewußte
differenzierte Distanz. Auf der Titelseite dieser ersten
Nummer das Foto eines deutschen Soldaten mit erhobenen
Händen – Kapitulation – und darüber und daneben der
Leitartikel von Alfred Andersch – Freiheit und Sozialismus,

ein brillanter Leitartikel.«[11] Nach 17 Heften untersagten die Amerikaner die weitere Herausgabe dieser Zeitschrift. – Auch wenn sich Anderschs und Richters Wege im Laufe der nächsten Jahre voneinander entfernten, so blieben sich beide bis zum Tode Alfred Anderschs doch nah und vertraut. – Literarisch fand die ›amerikanische Erfahrung‹ u. a. in den Erzählungen *Amerikaner – Erster Eindruck* (1981) und in *Mein Verschwinden in Providence* (1971) ihren am intensivsten spürbaren Niederschlag. –

Die Krise des modernen Menschen sah Andersch am überzeugendsten sowohl philosophisch als auch literarisch bei Sartre dargestellt und begründet (*Das Sein und das Nichts, Die Fliegen,* 1943). Für Sartre steht der Mensch in der Situation, sich permanent neu für die Zukunft zu entwerfen. Er ist zur absoluten Freiheit seines Handelns verurteilt. Dies schließt die Übernahme von Verantwortung und die politische Handlungsfähigkeit ein. – Anders als Sartre sieht Camus es als unmöglich an, in das Wirklichkeitsgeschehen einzugreifen. Der Mensch scheitert an den undurchdringlichen Widerständen. Dennoch besitzt er die Freiheit, sich gegen sie aufzulehnen und dadurch sich selbst zu verwirklichen.[12]

Ebenso rastlos wie zielbezogen arbeitete Andersch an der Konkretisierung seiner sich zwischen extremen Polen bewegenden Daseins- und Kunstauffassung. Strebte er auf der einen Seite nach einer an Rilke orientierten »ästhetischen Autonomie«, so solidarisierte er sich auf der anderen Seite

11 Hans A. Neunzig (Hrsg.), *Hans Werner Richter und die Gruppe 47,* München 1979, S. 54.

12 Zur Existenzphilosophie: Paul Foulquié, *L'éxistentialisme,* Paris 1971; Leo Pollmann, *Sartre und Camus. Literatur der Existenz,* Stuttgart 1967; Heinz Robert Schlette, *Wege der deutschen Camus-Rezeption,* Darmstadt 1975; Bernd Wilczek (Hrsg.), *Paris 1944–1962. Dichter und Denker auf der Straße,* Darmstadt 1994; Günter Albrecht Zehm, *Historischer Kampf und direkte Aktion. Zur Politik und Philosophie Jean-Paul Sartres,* Stuttgart 1964; Franz Zimmermann, *Einführung in die Existenzphilosophie,* Darmstadt 1977.

mit den Maximen der von Sartre vorgetragenen »littérature
engagée«[13]. In seiner ersten bedeutenden Veröffentlichung
Deutsche Literatur in der Entscheidung (1948) formulierte
Andersch dann erstmals geschlossen seinen »ästhetisch in-
spirierten Anspruch politischer Durchdringung der Wirklichkeit mittels einer neuen Sprache, die Inhalte transportie-
ren soll«[14]. Mit anderen Worten: Andersch hatte seinen
Standort gefunden. Die Synthese von Moral und Ästhetik
würde fortan Zielpunkt seines Schreibens bilden. In seinem
ersten Roman, *Die Kirschen der Freiheit*, stellte Andersch in
einer eigenständigen Anverwandlung des Sartre'schen Frei-
heitspostulats diesen Zusammenhang überzeugend dar.
Nach der Veröffentlichung seines Abrechnungs-Berichts
Die Kirschen der Freiheit entfaltete Andersch vielseitige und
maßstabsetzende Tätigkeiten als Autor, Herausgeber und
Rezensent. Für vier Jahre wurden Rundfunk- und Zeit-
schriftenarbeit zur alles beherrschenden Mitte seines schriftstellerischen Lern- und Erfahrungsprozesses.
In diesen Jahren etablierte Andersch sich auch als Hörspiel-
autor. Als solcher ist er dem breiten Publikum weniger bekannt denn als Erzähler, Romancier oder Essayist. Zwischen 1949 und 1960 schrieb er Dutzende von Hörspielen
und Funk-Features, von denen nur ein Bruchteil bekannt
geworden ist. Die beiden Bände *Hörspiele* (1973) und *Neue
Hörspiele* (1979) repräsentieren Anderschs Schaffen auf diesem Gebiet. Es ist sein Verdienst, nach 1945 in Deutschland das anspruchsvolle literarische Hörspiel wieder belebt,
mehr noch: es durch mutiges und sehr bewusstes Experi-
mentieren mit Sprache weitergeführt zu haben. Mit *Biologie
und Tennis* oder *Die Bürde des weißen Mannes* (1954)
stellte sich Andersch als Hörspiel-Autor bereits in den Anfängen seiner Hörfunk-Arbeit in eine Reihe mit so bedeu-

13 Grundlegend im Jahr 1947 von Sartre in *Qu'est-ce que la littérature?* (dt.:
    Was ist Literatur?) begründet.
14 Kurt Sollmann, *Alfred Andersch. Sansibar oder der letzte Grund*, Frank-
    furt a. M. 1994, S. 17.

tenden Autoren wie Brecht und Döblin, Kästner und Wey-
rauch. Als Hörspiel-Autor wird Andersch gern der Gruppe
von Autoren zugerechnet, deren Beiträge zwischen »kämp-
ferischer Realistik und dichterischer Bewältigung letzter,
quälender Daseinsfragen«[15] anzusiedeln sind.

Mit der Zeitschrift *Texte und Zeichen*, die bis November
1957 in 16 Heften erschien, startete Andersch 1955 ein auf
hohem Niveau stehendes »Plädoyer für die Kunst« (Enzensberger, 73). Die Hefte enthielten Beiträge von und zur
modernen Literatur, Architektur, Musik, Philosophie, aber
auch zum Film und zur bildenden Kunst. Ein besonderes
Augenmerk richtete Andersch auf die modernen Autoren
Europas; bis dahin nahezu unbeachtet gebliebene deutsche
Autoren kamen darin zu Wort (darunter Paul Celan, Hans
Magnus Enzensberger, Helmut Heißenbüttel oder Günter
Grass). – Zwischen den Studios in Frankfurt und Stuttgart
pendelnd, reisend (England, Frankreich, Sizilien, Schweden,
Schweiz: Tessin!), sich für neue Autoren engagierend, so für
den damals noch unbekannten Arno Schmidt, den er
als »einen der bedeutendsten modernen Schriftsteller« in
Deutschland bezeichnete,[16] begann Andersch die Arbeit an
seinem ersten Roman, *Sansibar oder der letzte Grund*. Zunächst trug er den Arbeitstitel »Graues Licht«. Wie nichts
anderes wollte Andersch dieses Buch so schnell wie möglich
zu Ende schreiben. Doch zwischendurch ging es zunächst
noch einmal nach Schweden, sozusagen in dienstlichem Interesse, um dort ein Reisefeature authentisch vorzubereiten.
Sansibar oder der letzte Grund wurde einer der komposito-
risch und thematisch ungewöhnlichsten Romane der jüngeren deutschen Literatur. Der Erfolg des Romans sicherte
Andersch und seiner Familie finanzielle Unabhängigkeit. Er
verließ Deutschland, damit alle offiziellen Ämter und Verpflichtungen, und ließ sich als freier Schriftsteller in Berzona (Tessin) nieder.

15 Eugen Kurt Fischer, *Das Hörspiel, Form und Funktion*, Stuttgart 1964,
   S. 100.
16 Reinhardt (Anm. 10), S. 247.

Anderschs Rückzug in die Schweiz leitete einen Lebensab-
schnitt standortsuchender und standortsichernder Aktivitä-
ten ein. Immer neugierig und aufbruchbereit, publizierte er
in den Jahren zwischen 1958 und 1970 eine erstaunliche
Vielzahl umfangreicher Erzählungen, Reisebeschreibungen, Romane, Essays, Hörspiele und Features: *Geister und
Leute* (1958), *Die Rote* (1960), *Wanderungen im Norden*
(1962), *Ein Liebhaber des Halbschattens* (1963), *Efraim*
(1967), *Hohe Breitengrade* (1969). Alle diese Werke bewie-
sen Anderschs Bestreben, seinen künstlerischen Ausdruck
zu variieren, wobei er das Erzählen, »die Erzählung als eine
unzerstörbare Kunstform«, als »Bestandteil der menschli-
chen Existenz«[17] besonders pflegte. Das Haus des Ehepaars
Andersch in Berzona wurde auch zum Mittelpunkt eines le-
bendigen Kulturlebens; selten genug war es wirklich das
›retiro‹, das Alfred Andersch sich gewünscht hatte. – Eine
Sammlung von Essays mit dem programmatischen Titel *Die
Blindheit des Kunstwerks* (1965) steht in der zeitlichen
Mitte dieses Weges. Andersch entwarf darin die Aufgabe
des Schriftstellers, seine eigene ästhetische Theorie: »Jedes
vollkommene Kunstwerk ist ein gelungener Ausbruch aus
der Blindheit der reinen, sich selbst genügenden Form«
(Andersch, *Die Blindheit des Kunstwerks und andere Aufsätze*, 32 f.). Alle Aufsätze dieses Essaybandes vermitteln
den Gedanken, dass für Andersch Schreiben die Aufgabe
hat, »als Prozeß eines kritischen Denkens [. . .] die Bewußt-
seinsklärung des Menschen als eines gesellschaftlichen We-
sens voranzutreiben«[18]. In der 1971 erschienenen Erzählung
Mein Verschwinden in Providence setzte Andersch dieses
Programm auf besonders eindrucksvolle Weise um.
Durch die fortschreitende Krankheit zuweilen erheblich be-
einträchtigt, trat Andersch in seinem letzten Lebensjahr-

---

17 Friedrich Sieburg, »Ein überzeugter Erzähler«, in: Haffmans (Hrsg.)
   (Anm. 1), S. 107.
18 Karl Otto Conrady, »Damit die Literatur nicht blind bleibt«, in: Haffmans
   (Hrsg.) (Anm. 1), S. 109.

Ansicht des Tessiner Hauses

zehnt wieder in eine Phase der aktiven und konkreten Auseinandersetzung mit der deutschen Geschichte und den aktuellen politischen Zuständen der Zeit ein. Es war die Zeit,
die als »Wiederentdeckung der Linken« charakterisiert worden ist.[19] Mit dem Roman *Winterspelt* (1974), der in einer
kunstvollen Verflechtung von Fiktion und Dokumentation
das Verhalten von sechs Menschen während des Zweiten
Weltkriegs (»Ardennen-Offensive«, 1944) thematisierte,
schrieb er sein bis dahin bedeutendstes Werk. In dem
*Öffentlichen Brief an einen sowjetischen Schriftsteller, das
Überholte betreffend* (1977), einer Sammlung von Reportagen und Aufsätzen, befasste er sich u. a. erneut mit Ernst
Jünger, für ihn ein Synonym für politischen und ästhetischen Widerstand, für viele andere jedoch immer noch eine
unbehaglich-zwiespältige Erscheinung in der deutschen Literatur.[20] Direkter noch mischte er sich mit dem Gedicht
artikel 3 (3) in die deutsche (Kultur-)Politik ein (1977), mit
dem er auf die Frage »Gibt es überhaupt noch eine öffent-
lich-kontroverse Diskussion, eine fortlaufende Kultur-
debatte?« reagierte. Darin heißt es u. a., Bezug nehmend auf
den »Radikalenerlass« aus dem Jahre 1972 und die diesbe-
zügliche Verschärfung der staatlichen Maßnahmen: »ein
volk von / ex-nazis / und ihren / mitläufern / betreibt schon
wieder / seinen Lieblingssport / die hetzjagd auf / kommunisten [. . .]«.[21] Ein Jahr zuvor hatte Andersch in einem Ge-

---

19 Nach Jendricke (Anm. 5), S. 109.
20 »Bewundert, gefürchtet, gehaßt« – unter dieser Überschrift versammelte
    der Kölner Stadt-Anzeiger am 18. Februar 1998 Urteile prominenter Zeit-
    genossen über Ernst Jünger. In seiner Würdigung zum Tode Ernst Jüngers,
    der am 17. Februar 1998 im Alter von 102 Jahren verstarb, weist Jürgen Ja-
    cobs jede Unterstellung, der Schriftsteller habe mit den Nationalsozialisten
    kollaboriert, deutlich zurück und betont, dass dieser im Gegenteil sich
    stets von der verbrecherischen Ideologie distanziert und auch später »aus-
    drücklich an den Kategorien der Freiheit und ethischen Verantwortung«
    festgehalten habe. – Vgl. Jürgen Jacobs, »Geist von kalter Konsequenz«, in:
    Kölner Stadt-Anzeiger, 18. Februar 1998.
21 Zitiert nach: Jendricke (Anm. 5), S. 114. Der Text findet sich im Gedicht-
    band *empört euch der himmel ist blau*.

spräch die Zustände in Deutschland scharf kritisiert: »[...]
ich bin wirklich der Meinung, daß wir augenblicklich in
Deutschland bereits Formen des KZs und Formen der Fol-
ter haben.«[22] Das Gedicht brachte das Fass zum Überlaufen.
Die (rechten) Medien machten Andersch förmlich mundtot,
und er konnte nur noch in linksstehenden Blättern veröffentlichen. Dennoch hielt Andersch, von den Auswirkun-
gen seiner Erkrankung und den Torturen der Behandlung
in den letzten beiden Lebensjahren schwer gezeichnet, an
seinen Überzeugungen fest. Er krönte seine Rückwendung
zu einer »kämpferisch radikal-demokratischen Haltung«[23]
mit der Erzählung *Der Vater eines Mörders*, einer Schulgeschichte um Gebhard Himmler, Leiter des Wittelsbacher
Gymnasiums, den Vater des berüchtigten Heinrich Himmler. – Alfred Andersch hätte noch viel zu sagen gehabt. Seine
Krankheit und sein früher Tod ließen es nicht zu. Er starb
im Alter von 66 Jahren. In den ehrenden Nachrufen – die
meisten von Schriftstellern und Kritikern aus allen Lagern –
kam zum Ausdruck, wie viel der Wort-Künstler Alfred Andersch ihnen und der deutschen Literatur bedeutet hatte.
Am meisten wurde aber der Mensch Alfred Andersch vermisst. F. J. Raddatz, langjähriger und kritischer Weggefährte, fand für ihn, den streitbaren Humanisten, schöne
und ehrliche Worte, die zugleich den Zustand unserer Gesellschaft kennzeichneten: »[...] der Tod von Alfred Andersch hat mich sehr betroffen, hat mir persönlich etwas genommen – einen Freund. Einen, der es vermochte, Weg und
Richtung zu weisen, ermutigte, wenn man ratlos war, ver-
zagt; seltener Fall in der wortspitzen, dünnen Welt der Literatur, in der humaner Rhetorik viel abgezapft wird, der
reale Umgang mit Menschen aber meist vergiftet ist.«[24]

---

22 Volker Stumm im Gespräch mit Alfred Andersch in: Haffmans (Hrsg.)
   (Anm. 1), S. 263.
23 Jendricke (Anm. 5), S. 116.
24 Nachruf von Fritz J. Raddatz in: Haffmans (Hrsg.) (Anm. 1), S. 285.

III. Interpretationen

1. Romane

Die Kirschen der Freiheit. Ein Bericht. Erschienen 1952 in Frankfurt (Frankfurter Verlagsanstalt); 1968 in Zürich (Diogenes Verlag) und 1971 als Taschenbuch ebenfalls in Zürich (Diogenes Verlag). Eine französische, italienische und holländische Ausgabe folgten innerhalb weniger Jahre (1954, F; 1958, I; 1977, NL).

Nachdem die Erzählung *Flucht in Etrurien* fertig geworden war, nahmen umfangreiche Rundfunkarbeiten und die Niederschrift des Romans *Die Kirschen der Freiheit* Alfred Andersch sehr in Anspruch. Aber auch Reisen standen in seinem Terminkalender (Frankreich, Deutsche Nordsee).
Die Hörfunk- und journalistischen Arbeiten dieser Jahre dienten überwiegend dem Sichern des Broterwerbs. Die zwischen 1950 und 1952 entstandenen Essays und Funk-Features, darunter das vielbeachtete *Das starke Dreieck*, das zwischen dem 10. und 14. September 1951 ausgestrahlt wurde, waren von einer die Kritik beeindruckenden thematischen Vielfalt und formal-sprachlichen Qualität. Schlagartig sah sich Andersch in eine Reihe mit den bedeutenden Funkessayisten Peter von Zahn und Axel Eggebrecht gestellt. Keineswegs überraschend erhielt er das Angebot, die Leitung der Feature-Abteilung beim NWDR in Hamburg zu übernehmen. Sein Hauptaugenmerk galt jedoch seinem ersten Roman, *Die Kirschen der Freiheit*. Das fertige Manuskript schickte er an den Fischer und an den Rowohlt Verlag. Zu seiner Enttäuschung erhielt er von beiden Absagen. Erst Eugen Kogon von der Frankfurter Verlagsanstalt nahm den Roman an, der sich dort gut in das zeitkritische Programm einfügte. Erstmals las Alfred Andersch im Herbst 1952 vor der »Gruppe 47« aus diesem Ro-

man und wurde begeistert gefeiert. Im November vernahm man Heinrich Bölls kritisch-zustimmende Rezension, aus der die einprägsame Formulierung vom »Trompetenstoß, der in die schwüle Stille fährt und die Gewitter zur Entladung zwingt«, rasch in aller Munde war.[1] Mehrheitlich positiv war auch die übrige Fachkritik, obwohl der Gegenwind aus der rechten Ecke der Medienwelt recht heftig blies.[2]

Mit diesem Buch, einem persönlichen und nach objektiver Wahrheit strebenden Rechenschaftsbericht über die ersten 30 Jahre seines Lebens, wurde Alfred Andersch zu einem der führenden, wohl auch umstrittensten Erzähler der deutschen Nachkriegsliteratur.

Der Roman trägt den Untertitel »Ein Bericht«. Damit unterstrich Andersch seinen Anspruch, Erlebtes sachlich und objektiv wiederzugeben. Er griff darin die theoretische Position auf, die er bis dahin als Schriftsteller vertreten hatte: die Freiheit und Verantwortung des Künstlers gegenüber sich selbst und der Öffentlichkeit mit allen Mitteln zu wahren. Rückblickend und seinen Standort bestimmend, die Summe seines bisherigen Lebens bilanzierend, durchlief er noch einmal die entscheidenden Stationen seines Lebens, seine äußere und innere Entwicklung zum Schriftsteller – die turbulenten Münchener Jahre seiner Kindheit und Jugend mit ihren politischen Richtungskämpfen; die seine antifaschistische Grundhaltung prägenden Erfahrungen im KZ Dachau; eine freudlos erlebte und erlittene Militärzeit mit großer persönlicher Distanz zu ihren Doktrinen, Parolen und zu den ›Kameraden‹; die Sinnlosigkeit des Tötens und Sterbens für Volk und Vaterland; die Desertion in amerikanische Gefangenschaft, diesem vorläufig abschließenden

1 Heinrich Bölls Kritik erschien am 28. November 1952 in der Kölner *Welt der Arbeit*; vgl. auch Gerd Haffmans (Hrsg.), *Über Alfred Andersch*, Zürich 1987, S. 65 f.

2 Abgesehen von Schmähkritiken aus der Soldatenpresse, reichten die Reaktionen der Öffentlichkeit bis hin zu massiven Bedrohungen Alfred Anderschs. – Vgl. Stephan Reinhardt, *Alfred Andersch. Eine Biographie*, Zürich 1996, S. 208 f.

und realen Fluchtpunkt seines Lebens unmittelbar vor dem
Ende des Krieges.

Mit diesem Roman schloss Andersch eine Lücke in seinem
literarischen Schaffen, in dem ein breiteres erzählerisches
Opus noch gefehlt hatte.[3]

Der Roman gliedert sich in drei Teile mit den programmatischen Kapitelüberschriften »Der unsichtbare Kurs« – »Die
Fahnenflucht« – »Die Wildnis«, die jeweils in weitere Teilkapitel zerfallen. Mehrere Inhaltsebenen und Gedanken-
kreise verschmelzen darin: die faktische Ebene (Lebens-
rückblick); daraus entsteht eine reflexive Ebene mit dem
sich schrittweise konturierenden Entwurf einer weltan-
schaulichen Standortbestimmung im Anschluss an die
existenzphilosophischen Grundlagen Jean-Paul Sartres;
schließlich eine Ebene, auf der die Aufgaben des Künstlers
(Schriftstellers) postuliert werden, gleichsam als eine Konsequenz aus den zurückliegenden Erfahrungen und Erkennt-
nissen. Die Kapitelfolge entspricht einem Weg, der aus der
Dunkelheit ans Licht führt. Hätte es sich dabei lediglich um
eine nur persönliche Bilanzierung eines interessanten Le-
bensabschnitts gehandelt, hätte ein Teil der Öffentlichkeit
nicht so emotional reagiert. Auch die Verbeugung vor Sartre
(und Hemingway) war dafür kein ausschlaggebender Aus-
löser. Erst durch die exemplarische Übernahme von Schuld
und Verantwortung gegenüber der faschistischen Vergangenheit wurde dieser Erinnerungs- und Abrechnungsbe-
richt zu einem bedeutenden und umstrittenen Buch, mit
dem auf jeder Seite spürbaren ästhetisch-politischen Engagement des Autors, der die Kunst zum »Königsweg der
Selbstbefreiung und Selbstfindung« erhob.[4]

In *Die Kirschen der Freiheit* geht es darum, wie Andersch

---

3 Für sein Schreiben hatte Alfred Andersch sich einen klaren Plan zurechtge-
legt. Nach orientierenden Studien sollten Erzählungen und in der Tat erst
später größere Vorhaben realisiert werden, wie er selbst – wahrscheinlich in
seinem *Tage- und Nächtebuch* – notiert hatte. Vgl. dazu Reinhardt
(Anm. 2), S. 85.

4 Reinhardt (Anm. 2), S. 207.

formuliert, »einen einzigen Augenblick der Freiheit zu beschreiben« (84), d. h. um die Konkretion einer abstrakten
Idee in der Sekunde der subjektiven Entscheidung zum
Handeln. Im Titel drückt sich die Kongruenz eines solchen
Augenblicks aus, in dem die Idee (Freiheit) und die Wirklichkeit (Kirschen) miteinander verschmelzen. Das Realwer-
den dieser Idee ist der Handlungsfaden des Romans, an
dem sich unterschiedliche Entscheidungs- und Fluchtmo-
mente aneinanderreihen, die in der Sekunde der letzten
Fluchtentscheidung gipfeln: die Flucht aus der Enge eines
rechtsnationalen Elternhauses (19); die Flucht in die Kunst
und Natur (32); die Flucht aus der Kommunistischen Partei
(44); die Flucht in die innere Emigration (56); die Flucht vor
den Kameraden (70); die Flucht aus dem Soldateneid (103),
schließlich das Überlaufen, die Flucht zu den Amerikanern
an der sich auflösenden deutschen Front in Italien. Von hier
aus durchzieht das Fluchtmotiv alle wesentlichen Werke
Alfred Anderschs.[5]
Bestimmend für die Desertion sind Überlebenswille und
der Gedanke, sich »Ästhetik und Privatleben« zu erhalten
(73), die unter den Nationalsozialisten auf der Strecke geblieben waren.
In diesem Roman gewinnen die Äußerungen Alfred Anderschs um den tragenden Begriff der Freiheit geradezu for-
melhafte Dichte.
Der Einzelne wird Ziel und Maßstab für das Handeln: »Es
gibt nur noch einzelne [. . .], reduziert auf die Angst, die sie
mit sich allein zu ertragen haben, die uns niemand ab-
nimmt« (36). Vor diesem Hintergrund wird die Entschei-
dungsnot des Menschen deutlich, aber er legitimiert ihn

---

5 Auf diesen Zusammenhang macht H. Kesting in rückwärtsgewandter Betrachtung des Romans *Winterspelt* aufmerksam, in dem das ›Fluchtmotiv‹
von Andersch ein letztes Mal eindringlich verarbeitet worden ist. Vgl.
Hanjo Kesting, »Winterspelt«, in: Haffmans (Hrsg.) (Anm. 1), S. 143–147.
Dazu siehe auch: Alfons Bühlmann, *In der Faszination der Freiheit. Eine
Untersuchung zur Struktur der Grundthematik im Werk von Alfred Andersch*, Berlin 1973.

auch, sich selbst von dem geleisteten Eid freizusprechen:
»Nirgends offenbart sich die dialektische Beziehung von
Bindung und Freiheit stärker als beim Eid. Der Schwur
setzt die Freiheit des Schwörenden voraus« (103). Mit dem
nahe an Sartre stehenden Bekenntnis »Die Freiheit ist das
Alleinsein mit Gott oder dem Nichts« (113) fand Andersch
zu der den philosophischen Gedankenkreis abrundenden
Wendung: »Die Kunst und der Kampf des Menschen vollziehen sich in Akten der absoluten, verantwortungslosen,
Gott und dem Nichts sich anheimgebenden Freiheit« (127).
Der Mensch steht damit in der einmaligen Situation, »für
kurze Zeit aus dem Schicksal der Massen« herauszufallen
und sich als Individuum zu verwirklichen, wie es B. Jendricke in einem anschaulichen Bild zusammenfasst.[6]
In den Fluss des Faktischen (autobiografischer Hintergrund) und des Philosophischen (individuell verantwortete
freiheitliche Entscheidung) sind Anderschs Reflexionen
über seine eigene künstlerische Existenz, über die Aufgaben
des Schriftstellers generell eingebettet. Nicht ohne Selbstironie beschreibt er seinen Weg zur Kunst »durch die Git-
terpforten der Pubertät und des Schlosses zu Schleißheim«
(20); durch die Lektüre Rilkes (45) und durch die Begegnung mit wenigen Menschen (Dr. Herzfeld), die ihm »statt
Ästhetik die Gespanntheit der Kunst« erschließen (49). Er
dringt vor zu einer für ihn gültigen Definition von Kunst:
»Die Kunst ist nicht eine Angelegenheit der Musen [. . .],
sondern die Empfindung, die wir von dem Stück rostigen
Eisengeländers erhalten, das wir anfassen, [. . .] während wir
hören, wie Frau Kirchner im Parterre Geschirr spült«
(85 f.). Schließlich hält Andersch in einem Kernsatz die Ma-
xime fest, die er in diesem Roman exemplarisch verwirk-
licht und die für seine Literaturästhetik gültig bleiben wird:
»Die Aufgabe des Schriftstellers ist die Deskription. Ich
habe den Menschen nicht interpretiert [. . .], sondern ich

6 Bernhard Jendricke, *Alfred Andersch mit Selbstzeugnissen und Bilddoku-
    menten*, Reinbek bei Hamburg 1988, S. 63.

habe ihn beschrieben. Beschrieb den Menschen, weil ich meine Angst beschreiben wollte. Unsere Angst. Die in uns allen eingesenkte Angst, die wir nicht zerstören dürfen, wenn wir lebendig bleiben wollen« (88). Ein solcher Satz bezeugte Aufbruch und Bekenntnis, das war Empfinden und Sprache noch ganz nahe an der Hast und wirkungsvollen Fragmentation der Sprache Borcherts, das glich einem literarischen Manifest, ganz so wie Hans Werner Richter die zeitgemäße Literatur gegen die der Vergangenheit scharf und endgültig abgegrenzt wissen wollte, als er schrieb: »Das Kennzeichen unserer Zeit ist die Ruine. Sie umgibt unser Leben [. . .]. Sie ist das äußere Wahrzeichen der inneren Unsicherheit des Menschen unserer Zeit. Die Ruine lebt in uns wie wir in ihr. Um diesen Menschen zu erfassen, bedarf es neuer Methoden der Gestaltung, neuer Stilmittel, ja einer neuen Literatur.«[7]

Das letzte Kapitel – in ihm berichtet Andersch zunächst von seiner Entscheidung zur Fahnenflucht, greift dann vor auf die Ereignisse nach seiner Gefangennahme durch amerikanische Soldaten und schlägt schließlich den Bogen der Erinnerung erneut zurück zu dem ersehnten Augenblick der Freiheit – ist das Herzstück des Romans. In ihm verdichten sich Bericht und Reflexion zu einem eindrucksvollen Ganzen.

Andersch hatte sich von seiner vorrückenden Einheit abgesetzt, während um ihn herum das Rückzugschaos deutscher Truppenteile herrschte. In der umgebenden Bergwildnis versuchte er sich zu orientieren. Er gelangte an eine Berghütte, der sich auch ein italienischer Bauer näherte. Von diesem erfuhr er seinen Standort: nahe dem Kloster San Elmo.

Aus dieser Situation greift Andersch dann auf die weiteren Vorgänge voraus: auf die Gefangennahme durch die Ameri-

---

7 Hans Werner Richter, »Die Literatur im Interregnum«, in: *Der Ruf* 2 (1947) Nr. 15. In: Hans-Peter Franke u. a., *Von 1945 bis zur Gegenwart. Geschichte der deutschen Literatur*, Stuttgart 1987, S. 35.

kaner, auf die unangenehmen ersten Arbeiten, die er als
Kriegsgefangener zu verrichten hatte (verwesende Leichen
von Gefallenen in ausgehobene Gruben zu versenken), um
sich zurückzuerinnern an den Beginn der deutschen Katastrophe, die für ihn bereits ihren verhängnisvollen Verlauf
nahm in den brutalen und widerstandslos hingenommenen
Gewalttaten der Nationalsozialisten, »als der lange Hans
Bertsch blutüberströmt an die Theke des ›Volkartshof‹ tau-
melte und sein Blick durch uns hindurchging und sich in
den Fenstern brach« (125). Noch einmal rechtfertigt Andersch sein Aufbegehren gegen die scheinbar blind verein-
nahmende Macht der Geschichte und seinen Entschluss,
sich für die Freiheit entschieden zu haben, sich zugleich an
Beispiele von großen Künstlern aus der Vergangenheit erin-
nernd. Seine Gedanken bündelt er schließlich in dem schon
erwähnten mächtigen Rechtfertigungszitat: »Die Kunst und
der Kampf des Menschen vollziehen sich in Akten der absoluten, verantwortungslosen, Gott und dem Nichts sich anheimgebenden Freiheit« (127).
Danach blendet Andersch wieder in die zeitliche Chronolo-
gie seiner Flucht zurück (Abschied des Italieners, 128),
schildert die ruhige Schönheit der Landschaft und seine
Glücksempfindungen, ehe der Roman mit dem Bild des an
den »ciliege diserte«, den verlassenen Kirschen (130), sich
labenden Deserteurs endet.
Anderschs Flucht-Bericht zeigt immer wieder den sich seines Schreibens vergewissernden und sich seiner Sprache be-
wussten Autor. Diese Reflexion des ›ästhetischen Ich‹ ge-
schieht noch nicht in der Ausgeprägtheit des *Efraim* oder
mit dem formalen Raffinement von *Mein Verschwinden in
Providence*. Sie ist in diesem Roman aber bereits unver-
wechselbarer Ausdruck des Wortkünstlers Alfred Andersch. Mehrere Teilkapitel des Romans enthalten exkurs-
ähnliche Einsprengsel, in denen der Autor das Geschriebene
mit einem Schuss Selbstironie kommentiert: »Während ich
dies niederschreibe, fällt mir auf, daß ich in den letzten Ab-

sätzen den Stil des unmittelbaren Erzählens eines Erlebnis-
ses, mit dem ich begann, verlassen habe und mich der brei-
ter gesponnenen Reflexion, des Periodenbaus und der har-
monikalen Schönheit älterer Schulen bediene. Vielleicht deshalb, weil ich eine Zeit der Langeweile zu schildern hatte?
Setzen wir also neu an« (14). An anderer Stelle heißt es:
»Habe eben ein bißchen meinen Stil von damals kopiert«
(49) oder: »Könnte nun den vorigen Absatz streichen und
erzählen, daß ich eigentlich sehr mutig gewesen bin [. . .].
Könnte so in der Tat aus meinem Buch eine heroische kleine
Story machen« (82). Diese darstellungsbezogenen Bemer-
kungen schaffen Entlastung und führen den Leser zur Mitte
der Aussagen, der Wiedergabe des Geschehens, umso nachdrücklicher zurück. Es bleibt aber auch Raum für Äußerungen sehr persönlicher Empfindungen, von denen eine der
anrührendsten die über den auf der Straße zusammenbre-
chenden Vater ist: »Als ich eines Tages in die Straße, in
der wir wohnten, einbog, sah ich meinen Vater auf seine
Krücken gestützt, aus der Haustüre kommen. Ich sah die
Einsamkeit, die ihn umgab« (17). Krieg, Flucht und Erinnerungen an Familiäres – Andersch wird diesen Themen treu
bleiben sowohl in seinen großen Romanen als auch in vielen
seiner Erzählungen, auf der Höhe seiner schriftstellerischen
Erfolge im Roman *Winterspelt* und noch an ihrem Ende,
zugleich am Ende seines Lebens, in der Erzählung *Der Vater eines Mörders.*[8]
Obwohl mit dem Untertitel »Bericht« gekennzeichnet, ist

---

8 Mit dem Blick auf Anderschs Verhalten gegenüber seiner ersten Frau Angelika Albert (– sie war Halbjüdin –), von der er sich 1943 scheiden ließ und
auf die er sich 1944 zu seinen Gunsten wieder berief, vermerkt W. G. Sebald
kritisch: »Einen schäbigeren Winkelzug hätte er sich schwerlich ausdenken
können.« – Heinz Ludwig Arnold sieht in diesem Zusammenhang auch die
Flucht Anderschs in die amerikanische Gefangenschaft weit negativer als
dieser sie selbst darstellt, und für ihn gewinnt Anderschs »(mit)geteilte Vor-
liebe für die mutige Existenz Ernst Jüngers tiefenpsychologische Perspektiven«. Vgl. Heinz Ludwig Arnold, *Die westdeutsche Literatur 1945 bis 1990.
Ein kritischer Überblick*, München 1995, S. 165.

Anderschs Roman *Die Kirschen der Freiheit* sprachlich äußerst differenziert. Sachliche Beschreibung steht neben Essay, Schilderung neben persönlicher Mitteilung und Reflexion, Umgangssprache neben sprach-lyrischen Bildern, komplexe Satzketten neben Satzabbruch und Fragmentation, ein Buch, das »eben jene Exaktheit der Sprache« aufweist, um H. Rüdigers Würdigung der Sprachkunst Anderschs ergänzend einzuflechten, »die der Metapher ebenso Herr ist wie des Symbols, der zartesten Tönung wie des gröbsten Slangs«.[9] Besonders das Schlusskapitel enthält Schilderungen von Landschafts- und Stimmungseindrücken in Bildern, die im Gedächtnis haften bleiben: »Aber fern im Osten standen die Berge des Apennin, hoch und edel im wildnishaften Glanz, und einsam wuchs weit noch vor ihnen, umlagert vom Meer der Höhen und Hügel, sonnentriefend und den Wind wie eine Fahne entfaltend, der Soracte, ritterlich und vulkanisch und tot, erhaben tot in der Melancholie dieses wilden, gestorbenen Landes, das wie jede Wildnis am Ende der Welt lag, am Ende des Lebens, und dort, wo unser Stern tot unter dem riesigen, leeren Himmel des Nichts hängt« (129).
Insgesamt »bietet dieser Bericht sich als ein literarisches Kunstwerk dar«, so H. G. Brenner, »exakt in der Wiedergabe des Tatsächlichen, herausfordernd bestimmt im Bekenntnis, in der ›Botschaft‹, und keusch verhaltenes Stenogramm, wo persönliche Empfindungen zu Wort kommen müssen«.[10]
Die Kirschen der Freiheit war Anderschs erster Roman. Auch wenn das Trauma des Krieges mehr als ein halbes Jahrzehnt zurücklag, war für ihn alles noch lebendigste Erinnerung, frisch und mit der ersten Welle der Nachkriegs-

9 Horst Rüdiger, »Reflexion über den Roman als Thema des Romanes. Über die Prosa Alfred Anderschs. Rundfunkvortrag für Radio Belgrad 1970«, in: Haffmans (Hrsg.) (Anm. 1), S. 45.

10 Hans Georg Brenner, *Die Kirschen der Freiheit*. Ersch. zuerst in: *Literatur*, München, vom 15. Oktober 1952, abgedr. in: Haffmans (Hrsg.) (Anm. 1), S. 68.

literatur beileibe noch nicht ausgeschöpft. So deutlich war
noch nie ein Schuldbekenntnis formuliert worden, so direkt
noch nie der Appell, sich der gemeinsamen Vergangenheit
zu stellen und Verantwortung zu übernehmen. Solange man
schwieg, würde man nicht frei sein können. Den ersten
Schrei, das erste »Nein«, hatte man versäumt. Dieses historische Versäumnis galt es einzugestehen und zu tilgen, das
Versäumnis, sich trotz zahlenmäßigen Übergewichts in
einem gemeinsamen Aufschrei der SA entgegenzuwerfen
(35). Nie wieder wollte Andersch eine solche Schuld auf
sich nehmen. So sagte er »nein« zu dem, was er seit 1950
mit Sorge in der Bundesrepublik Deutschland wahrnahm:
zur Wiederaufrüstung, zum Verbot der KPD. Sein Roman,
der den Soldateneid in Frage stellte, passte nicht in das Bild
der Zeit. Von dem konsequenten Verweigerer Andersch war
aufgedeckt worden, wohin blinder Gehorsam geführt hatte.
Er hatte abgerechnet mit dem Mythos jener immer wieder
beschworenen soldatischen Gemeinschaft, auf den sich neue
soldatische Gemeinschaften gründen sollten. Andersch besaß den Mut und die Entschiedenheit auch dann zu seinen
Überzeugungen zu stehen, wenn es nicht opportun schien.
Gegenüber seinem Gesprächspartner Horst Bienek bekannte er sich ein knappes Jahrzehnt später zu jenen Prinzi-
pien seines künstlerischen Handelns, die ihn bereits in den
frühen Jahren von so vielen anderen Schriftstellern unter-
schieden: »Es gibt einen einzigen Grundverrat, der einem
Schriftsteller niemals verziehen werden kann: wenn er sich
zu politischen Entscheidungen bekennt, welche die Freiheit
der Literatur einschränken.«[11]

---

11 Alfred Andersch in: Horst Bienek, *Werkstattgespräche mit Schriftstellern*,
   München 1965, S. 151.

Sansibar oder der letzte Grund. Roman. Erschienen
1957 in Olten / Freiburg i. Br. (Walter); 1970 in Zürich
(Diogenes Verlag); eines der am häufigsten verkauften Bü-
cher Anderschs, als Taschenbuch 1972 Zürich (Diogenes
Verlag). Die ersten Übersetzungen erschienen bereits ein
Jahr nach der deutschen Erstveröffentlichung in Helsinki,
Kopenhagen, London, Oslo und New York (alle 1958).
Der Roman wurde 1961 als Fernsehfilm vom SDR Stutt-
gart eingerichtet.

Sansibar oder der letzte Grund ist zweifelsohne Anderschs
erfolgreichster Roman. Dies zeichnete sich bereits in den
Verlagsgesprächen vor dem Erscheinen ab.[12] Mit der gewonnenen finanziellen Unabhängigkeit, dem wachsenden
Zuspruch aus den unterschiedlichsten Bereichen des deutschen Literaturbetriebs, ermutigt von Freunden und durch
andere Beispiele vor ihm, wuchs Anderschs Bereitschaft, der
Bundesrepublik Deutschland nun endgültig den Rücken zu
kehren. »Nachgeholte Emigration«[13] lautete eines der Er-
klärungsmuster, als Andersch dann 1958 wirklich in den
Tessin übersiedelte.
Hatte er ein großes Buch geschrieben? Verglichen mit dem
1957 erschienenen Roman *Doktor Schiwago* von Boris
Pasternak nicht; ein bedeutendes jedoch ohne Frage, das
sich gut neben den etwa zeitgleich erschienenen Romanen
Ehen in Philippsburg (Martin Walser), *Homo faber* (Max
Frisch) oder *Schlußball* (Gerd Gaiser), *Stiller* (Max Frisch)
und *Billard um halbzehn* (Heinrich Böll), die nur wenig
später veröffentlicht wurden, behaupten konnte. Der Ro-

---

12 Von B. Allemann, einem jungen Germanisten, bis hin zum Grandseigneur
   der Literaturkritik, Friedrich Sieburg, fand der Roman große Zustimmung. – Förderpreise machten seinen Namen einer breiteren Öffentlichkeit geläufig. – Übersetzungsrechte wurden in mehrere Länder, darunter
   die USA, verkauft. Wichtig war für Andersch auch die Unterstützung
   durch seine Schriftsteller-Kollegen, insbesondere durch Arno Schmidt. –
   Vgl. Reinhardt (Anm. 2), S. 274 ff.
13 Helmut Heißenbüttel, zitiert bei Reinhardt (Anm. 2), S. 675.

man griff auf, was zum beherrschenden Thema von Anderschs gesamtem Schaffen wurde: den Faschismus, die für ihn unbewältigte Altlast der jüngeren deutschen Geschichte. Anders als die Mehrzahl deutscher Schriftsteller, die sich zeitkritischer äußerten und mit der Vergangenheit abgeschlossen hatten, lebte und litt Andersch immer noch unter der »traumatischen Präsenz des Vergangenen«[14].

Die Idee zum Kerngeschehen des Romans gewann Andersch durch einen Bericht über die tatsächliche Rettung einzelner Barlach-Plastiken vor den Nationalsozialisten durch den Hamburger Industriellen Hermann Fürchtegott Reemtsma. Aus Erinnerungsbildern einer Wanderung entlang der mecklenburgischen Ostseeküste im Jahre 1938, aus Schuldgefühlen gegenüber seiner ersten Frau und über den Tod ihrer Mutter im KZ Theresienstadt gab Andersch dem Roman in einem auch noch durch viele andere Termine und Verpflichtungen belasteten Zeitraum von zwei Jahren Gestalt. »Ohne Auftrag«, so beschreibt S. Reinhardt den Entstehungshintergrund dieses Romans und die Motive Alfred Anderschs, »aus bloßer Menschlichkeit heraus zu handeln, darauf kam es an, das wollte er darstellen. Indem er die Herrschaft der Diktatur des totalitären Dritten Reiches, die Verfügungsgewalt der Kommunistischen Partei und die Allmacht Gottes in Gegensatz setzte zum Recht des Menschen auf freie Selbstbestimmung, gab er ihm das Verfügungsrecht über sich selbst zurück, und das geschah am besten, indem jeder gleichsam seine Geschichte selbst erzählte.«[15]

Blickt man auf weitere Werke Anderschs, die im gleichen Zeitraum entstanden (*Die Blindheit des Kunstwerks*, 1956; *Der Rauch von Budapest*, 1956; *Fahrerflucht*, 1957; *In der Nacht der Giraffe*, 1958), so erscheint jeder Vorwurf entkräftet, er habe sich »kampflos« in den Schmollwinkel zu-

---

14 Kurt Sollmann, *Alfred Andersch: Sansibar oder der letzte Grund. Grundlagen und Gedanken zum Verständnis erzählender Literatur*, Frankfurt a. M. 1994, S. 29.
15 Reinhardt (Anm. 2), S. 238 f.

rückgezogen, um dort einer unverbindlichen Kunstspielerei
zu dienen. Es war gerade der Roman *Sansibar oder der
letzte Grund*, durch den Andersch überzeugend nachwies,
dass es ihm um nichts anderes ging als um ästhetische
Transformationen von Alltag und Politik.

1937: In dem Ostseestädtchen Rerik trifft Georg, ein Funktionär der von den Nationalsozialisten verbotenen Kommunistischen Partei, den Küstenfischer Knudsen. Während
das nationalsozialistische Regime sich überall seiner Gegner
zu entledigen sucht, bekennt sich Knudsen immer noch zu
seiner Partei, obwohl sie ihn arg enttäuscht hat. Georg will
ihm neue Weisungen des Zentralkomitees bringen. Knudsen wird vom Ortspfarrer Helander angesprochen, eine
Holzplastik aus der Kirche vor den Nationalsozialisten
nach Schweden in Sicherheit zu bringen. Eine junge Jüdin
will sich ebenfalls dorthin retten, nachdem ihre Mutter angesichts des Schicksals der Juden Selbstmord verübt hat. Ein
Junge, der von einer besseren Welt und von seiner Freiheit
träumt, möchte sich von den Stätten einer freudlosen Kindheit trennen. Die erwähnte Holzplastik, Barlachs Lesender
Klosterschüler, wird zur Kristallisationsfigur des Geschehens, denn »die Figur löst nicht nur bei diesen Personen
entscheidende Veränderungen aus, sondern sie vereint sie
auch zu einer privaten Aktion«[16], so legt W. Hinderer die
Rolle und Funktion dieser ›sechsten Person‹ im Handlungs-
kontext und Problemzusammenhang des Romans aus.
Knudsen verhilft Judith zur Flucht und bringt sie tatsächlich über die Ostsee. Gregor verzichtet auf seine Möglichkeit zur Flucht und taucht in den politischen Untergrund
ab. Während Knudsen und der Junge nach der Rettungsaktion wieder in ihren Heimatort zurückkehren, bezahlt
Helander seinen Einsatz mit dem Leben.

Alfred Andersch wurde mit diesem Roman, in dem er
das Thema der Verantwortung und Freiheit wieder aufgriff,

Thema

16 Walter Hinderer, »Alfred Andersch: Sansibar oder der letzte Grund«, in:
    Interpretationen, Romane des 20. Jahrhunderts, Bd. 2, Stuttgart 1993, S. 68.

weltberühmt. Er überschritt darin den noch weitgehend
subjektiven Erfahrungsraum, der seinem ersten Roman
Die Kirschen der Freiheit als Hintergrund diente, und ex-
plorierte in einer dramatisch verflochtenen Modellsituation[17] Möglichkeiten freiheitlicher Willensentscheidungen
von Menschen, die der Zufall vor eine gemeinsame Aufgabe gestellt hat.

Der Roman gliedert sich in 37 Abschnitte und erfasst einen
Zeitraum von 24 Stunden zwischen dem frühen Nachmittag
eines ersten und dem späten Nachmittag eines zweiten Tages irgendwann im Oktober 1937. Aus dem Auftreten und
den unterschiedlichen Handlungsmotiven der Personen
entwickeln sich fünf Handlungsstränge, die aufgrund der
zunehmend intensiveren Beziehungen eng ineinandergrei-
fen. Andersch sprach vom »Prinzip der simultanen Personenführung«, das es ihm erlaubte, »in unaufhörlich wechselnder Verschiebung der Perspektiven«[18] ein komplexes,
zunächst kontrapunktisch angelegtes Figurenfeld lebendig
zu machen und stets neu situativ aufeinander zu beziehen.
Die Kontrapunktik ist bereits aus der Reihenfolge des Auf-
tretens aller fünf Personen abzulesen. Alle werden nachein-
ander monologisch eingeführt. Bis zum achten Abschnitt ist
der Personenkreis komplett.

Ab dem zwölften Romanabschnitt wird das Geschehen mit
»dialogische[n] und tetralogische[n] Konfigurationen und
Kontrastierungen entfaltet«.[19] Hierbei treten die einzelnen
Personen in wechselnder Gruppierung miteinander in Ver-
handlungen. Als einzige Person erscheint der Junge sowohl
im ersten als auch im letzten Textabschnitt (7,159) und

---

17 E. Lämmert spricht bei ähnlichen Erscheinungsformen, freilich auf ältere
   Beispiele der Literatur bezogen, von »korrelativer und konsekutiver
   Handlungsverknüpfung«. – Vgl. Eberhard Lämmert, *Bauformen des Erzählens*, Stuttgart 1955, S. 52 f. – Bereits an dieser Stelle sei auf den Roman
   Winterspelt vorausgewiesen, in dem eine ähnliche Modellsituation elabo-
   riert wird.
18 Alfred Andersch in: Bienek (Anm. 11), S. 124.
19 Hinderer (Anm. 16), S. 70.

darüber hinaus, ähnlich einem »Chorus«[20], in allen weiteren, ungerade gezählten Abschnitten (3,5,7 ...). Diese Einschübe kontrastieren auf der schlichteren Ebene des Denkens eines Fünfzehnjährigen mit der existentiellen Problemsituation der Erwachsenen und intensivieren diese zugleich. Die Vereinzelung der Personen sieht sich damit aufgehoben in einem kollektiv erfahrenen Schicksal, in dem es für keinen von ihnen eine individuell zu verwirklichende Auflösung geben kann.

In diesem konstruktiven Romanaufbau erkennt W. Hinderer eine »Stilisierung nach dem Modell eines klassizistischen Dramas« (weitgehend gewahrte Einheit von Ort, Zeit, Handlung), wobei eine konventionelle auktoriale Erzählhaltung prinzipiell der »personalen Perspektivierung«[21] dienstbar gemacht werde.

Im Folgenden wird der ›Inhalt‹ des Romans noch einmal chronologisch wiedergegeben, ergänzend zu der knappen Übersicht zu Beginn, wobei die kontrastiv-komplementären Textabschnitte weitgehend ausgeblendet bleiben müssen, durch die der Junge charakterisiert wird.

Gregor, der kommunistische Kader-Funktionär, ist auf dem Weg nach Rerik. Er macht sich Gedanken über eine Flucht, die ihm nur mit der Hilfe von »Genossen mit ihren Fischkuttern« (8) möglich sein wird. – Unterdessen hadert Pfarrer Helander mit seinem Schicksal. Er fühlt sich verlassen und um die Früchte seiner Lebensarbeit betrogen, hofft aber auf die Hilfe Knudsens gegen die »Anderen« (9). – Knudsen, ein vom Fischfang in Rerik lebender Altkommunist, ist wütend, weil ihm die beste Dorschfangzeit verstreicht, während er auf den angekündigten Genossen warten muss. Ungute Gefühle beschleichen ihn (14). – Judith, eine junge Jüdin, ist dem Rat ihrer Mutter gefolgt und nach Rerik gegangen. Sie will sich nach Schweden absetzen. –

20 Helmut Heißenbüttel, »Vom letzten Grund der Politik«, in: Haffmans (Hrsg.) (Anm. 1), S. 86.
21 Hinderer (Anm. 16), S. 69.

IHA Oeslight.

Gregor fühlt sich angenehm überrascht, als er in Rerik ein-
trifft. Er will sich mit seinem Parteigenossen in der Kirche
treffen. – Derweil weigert sich Knudsen, Helander zu hel-
fen, eine angeblich kostbare Holzplastik aus der Kirche ins
neutrale Ausland zu bringen. Die Plastik soll am nächsten
Tag von den »Anderen« beschlagnahmt werden (30). – Judith fühlt sich in dem Hafen-Hotel, in dem sie sich einquar-
tiert hat, sehr unwohl und verlässt unter einem Vorwand
den Schankraum (36). – In der Kirche stößt Gregor auf die
Plastik. Er vertieft sich in ihren Anblick (42). – Knudsen
weigert sich, Gregor nach Schweden zu bringen. Er findet
die ganze Situation misslich und möchte sich nur auf sich
selbst, sein Schiff und auf seine kranke Frau konzentrieren
(51). Auch dem hinzukommenden Helander verweigert er
noch einmal die erbetene Hilfeleistung und widersetzt sich
auch dem direkten Befehl Gregors, die Plastik nach Schweden zu bringen (56). – Gregor sieht Judith zum ersten Mal
am Hafen und erkennt in ihr sofort eine Jüdin. Er ahnt, dass
sie sich aus Deutschland absetzen will. Sie gefällt ihm, und
er spielt mit dem Gedanken, eine Beziehung zu ihr anzu-
bahnen (67). – Im Hotel ist Judith in Bedrängnis geraten
und in der Gefahr, vom Wirt denunziert zu werden. Durch
eine List kann Gregor ihr eine kleine Frist verschaffen (84).
– Gregor verabredet mit Knudsen nun doch einen Treffpunkt, ohne ihm etwas von Judith zu sagen. – Pfarrer Helander geht es nicht gut; er hat Schmerzen in seinem ampu-
tierten Oberschenkel. Dem Rat seines Arztes kommt er
nicht nach. Er will um allen Preis die Plastik retten (96). –
Gregor betritt zusammen mit Judith die Kirche (106). –
Beide kommen sich im Gespräch nahe. Gregor informiert
das Mädchen über das Vorhaben, die Holzplastik des Lesenden Klosterschülers, vor der sie stehen, über das Wasser
nach Schweden zu bringen. Helander kommt hinzu. Gemeinsam nehmen sie die Plastik ab und bringen sie zum
verabredeten Treffpunkt, an dem Knudsen wartet (120). –
Er fühlt sich überrumpelt und lehnt es ab, Judith auch noch

Pola d. Fis. zur Plastik!

an Bord zu nehmen. Es kommt zu einer Schlägerei. Schließlich willigt der Fischer ein. Aber nur Judith und die Plastik
treten die Fahrt an; Gregor bleibt freiwillig zurück (142). –
Helander wird am darauffolgenden Morgen von den »Anderen« in einem Schusswechsel getötet (156). – Die Plastik
und das Mädchen sind in Sicherheit. Der Junge, der Knudsen begleitet hat, freut sich, dass er endlich seine ersehnte
Freiheit hat. Beide kehren aber nach Rerik zurück (159).

Art des Erzählens

Trotz der vielen Begegnungs- und Kommunikationssitua-
tionen seiner Personen enthält der Roman nur wenige aus-
geführte Dialoge. Ansätze dazu münden meistens rasch in
den für moderne Romane charakteristischen »stream of
consciousness«, den Bewusstseinsstrom treibender Gedanken und Erinnerungen. In *Sansibar oder der letzte Grund*
erfährt das Zurücktreten der Dialoge als dramatisches
Strukturmoment seine Begründung aus der »Situation der
Ausgeschlossenheit, Abgeschlossenheit und Verschlossen-
heit, die den Personen ihren Stempel aufdrückt und ihnen
Wirkung verleiht«.[22]

Auffallend ist, dass alle Personen des Romans ihren »spezi-
fisch poetisch-ästhetischen Erfahrungsraum«[23] mitbringen,
der ihr jeweiliges Verhältnis zur Plastik aus der Kirche bestimmt. Für den Jungen ist sie Anstoß, die aus der Lektüre
seiner Abenteuer-Bücher genährten Träume zu konkretisie-
ren; Knudsen, eingesponnen in seinen »alten Fischeraber-
glauben« (16) findet durch die Figur den Sinn seiner
Existenz bestätigt; für Gregor verknüpft sich mit ihr die Erinnerung an ein zurückliegendes Erlebnis (Krim), als ihm
beim Anblick des Meeres der Sinn für Schönheit und Erha-
benheit aufging: »[...] er war plötzlich fasziniert von dem
goldenen Schmelzfluß des Schwarzen Meeres« (23); Helanders ästhetisches Empfinden erneuert sich aus der Verzwei-
flung im Glauben an den Widerstand gegen die »Anderen«,
im Erkennen der Kraft dieser schlichten Holzfigur: »Wäh-

22 Sollmann (Anm. 14), S. 39.
23 Hinderer (Anm. 16), S. 78.

rend der Pfarrer mit Knudsen sprach, in der kalten, klaren Luft, die von der See herkam, wurde er sich endgültig darüber klar, daß der ›Lesende Klosterschüler‹, der jetzt noch unberührt, einen halben Meter hoch und aus Holz geschnitzt am Fuß des nordöstlichen Pfeilers der Vierung saß, das innerste Heiligtum seiner Kirche war« (29). Der jungen Frau sind die Plastik und ihr Schöpfer selbstverständlicher, sozusagen blind wiedererkannter Bildungsbesitz, erworben in einem Kultur- und Gesellschaftsrahmen, in dem man gewöhnlich Geld und Muße hat, wie Gregor spöttisch anmerkt, sich um die schönen Dinge des Lebens zu kümmern: »In ihren Kreisen haben solche Namen einen bestimmten Preis – und deshalb kennt man sie« (111).

Der Leser wird mit der Plastik konfrontiert, noch ehe sie als reale Figur in den Roman eingeführt ist. Zunächst spielt sie nur in Helanders Überlegungen eine Rolle (9). Als Streitobjekt wird sie sodann im Gespräch zwischen Helander und Knudsen bedeutsam. »Nur eine kleine Figur« (28) nennt sie Helander, ihren wahren Wert herunterspielend. Als ›Mitspieler‹ tritt sie in das Geschehen ein, als Gregor sie in der Kirche bemerkt: »Gregor näherte sich der Figur. Die Figur stellte einen jungen Mann dar, der in einem Buch las, das auf seinen Knien lag« (42). Fortan steht sie ganz unmittelbar in einem existentiellen Zusammenhang mit jeder der am Geschehen beteiligten Personen und wird in jedem weiteren Kapitel zentraler Gegenstand von Reflexion und Erörterung. So sehr sich die Biografien der fünf Menschen unterscheiden – für einen Tag werden sie aus ihrer Gegensätzlichkeit und Isolation, aus ihrer Gedankenwelt und ihrer eigenen Geschichte durch den Lesenden Klosterschüler herausgerissen. Sie wird in den konkreten Vorgängen zur »sechsten Person, zum Vertreter eines Kollektivs zur Rettung eines jüdischen Mädchens«; sie manifestiert sich als »Widerstandskraft des Ästhetischen«[24]. Gregor wird dabei

---

24 Jendricke (Anm. 6), S. 83 f.

Vgl. Gregor-Plastik

Rede der Plastik f. g.
Zeiger

zur Leitfigur des Geschehens, indem er selbst erkennt: »Ich habe einen gesehen, der ohne Auftrag lebt. Einen der lesen kann und dennoch aufstehen und fortgehen. Er blickte mit einer Art von Neid auf die Figur« (43). Hebt sie in Gregor den »Widerspruch zwischen politischer und ästhetischer Existenz« auf, so macht sie als »Inbegriff freier Kunst« Helander bereit zum Wiedereintritt in die Welt seiner Überzeugungen und seines eigentlichen Existenzverständnisses. H. Pischdovdijan bezeichnet dieses Freisein, über das Gregor sinniert, als ein »frei sein von Ideologie und Dogma«, als »die Freiheit des Mönchs, der [...] nach den Regeln seines Ordens lebt, ohne den Geist zu binden«[25]. Der Lesende Klosterschüler ist, mit den Worten H. Heißenbüttels, »ein Symbol dafür, wie das Bild des freien Menschen aussehen könnte«.[26]

Welches Leben haben die Personen hinter sich, die das Schicksal so zufällig zusammenführt und die ihre Freiheit suchen?

Der Junge ist der Sohn eines auf See ertrunkenen stadtbekannten Säufers (Hinrich Mahlmann), dem man in Rerik kein ehrendes Andenken bewahrt hat. Die Tätigkeit als Schiffsjunge bei Knudsen füllt den Fünfzehnjährigen nicht aus. Er will raus aus der engen Welt, die ihn umgibt. Seine Zuflucht, die er in Abenteuer-Büchern und ihren Helden (Huckleberry Finn) sucht, steigert sich zu einer, wie es scheint, unerfüllbaren Sehnsucht nach »Sansibar«. Der Junge fühlt, dass seine Zeit in Rerik abgelaufen ist, dass Neues auf ihn wartet, und dass er dieses Neue für sich entdecken muss: »Er war bald sechzehn Jahre alt, und er hatte begriffen, daß er mit dem Speicher und mit den Büchern zu Ende war« (82). Aber nicht die Ferne wird zu seiner großen Befreiung, sondern die Begegnung mit dem Lesenden Klosterschüler, die ihn zu sich selbst führt. –

25 Hrair Pischdovdijan, *Menschenbild und Erzähltechnik in Alfred Anderschs Werken*, Dissertation Zürich 1978, S. 74.
26 Heißenbüttel (Anm. 20), S. 84.

Auch der Polit-Funktionär Gregor hat sich in seine Welt
eingesponnen und ist von Zweifeln erfüllt. Den Glauben,
im Auftrag seiner Partei das Richtige zu tun, besitzt er
schon lange nicht mehr. Der Parteiführung ist das nicht ver-
borgen geblieben: »Die Genossen im Zentralkomitee waren
nicht mit ihm zufrieden. Sie fanden, er sei flau geworden«
(24). Gregor hat jedoch wenig Initiative entwickelt, seine
Lebensplanung auf eine tragfähige Grundlage zu stellen. Er
macht sich verzweifelt Mut, der Parteiarbeit nun endlich
den Rücken zu kehren: »Schluß, dachte er, es muß Schluß
sein. Ich spiele nicht mehr mit« (41). Das Schicksal Judiths,
mehr aber noch die Holzplastik, werden für ihn zum Wendepunkt seines Denkens und Handelns. –
Schwere Schicksalsschläge haben den Pfarrer Helander in
eine Glaubenskrise gestürzt. Im Ersten Weltkrieg ist er
schwer verwundet worden. Seine Frau ist im Kindbett ge-
storben. Im Sieg der »Anderen« sieht er die Abwesenheit
Gottes und fühlt sich gänzlich allein gelassen, gescheitert.
Er führt sich seine Vorfahren vor Augen, auch sie Prediger
in der Wüste, ihr vergebliches Bemühen, den Glauben zu
verbreiten: »Fröhliche Träumer waren seine Vorfahren gewesen, als sie sich verleiten ließen, in ein Land zu ziehen, in
dem die Gedanken so dunkel und maßlos waren wie die
Steinwände der Kirchen, darinnen sie begannen, die rechte
Botschaft zu predigen. Sie wurde nicht gehört, die rechte Botschaft: die Finsternis war stärker geblieben als das
kleine Licht, das sie aus dem freundlichen Land mitbrach-
ten« (11). –
Der überzeugte Kommunist Knudsen, von dem die Rettung Judiths und der Holzplastik wesentlich abhängt, ist als
einziger Parteigenosse in Rerik übrig geblieben. Er glaubt
fest an den Sieg der roten Fahnen. Seine Sorge gilt im
Wesentlichen aber seiner kranken Frau, die er nicht verlassen will. Zunächst beteiligt er sich nur widerwillig an der
Rettungsaktion. Er trägt sich sogar mit der Absicht, die
Plastik im Meer zu versenken (137f.). Für ihn, dem die Kirche nichts bedeutet und der mit dem Lesenden Klosterschü-

ler keine Gefühle verbindet, ist die Rettungstat ein Akt persönlicher Entscheidung, nicht anders sein Entschluss, nach
Rerik zurückzukehren.[27]

Judith besitzt vom Augenblick ihres Eintreffens in Rerik an
keine Handlungs- und Entscheidungsfreiheit. Über ihre
Flucht in die Freiheit denkt sie wenig nach. Ihr ganzes Verhältnis zur Vergangenheit und zur Gegenwart erscheint in-
different. Aus E. Eckers Sicht entspricht dies exakt ihrer
Situation als »Ausgestoßener«, der eines Menschen, »der
keine Entscheidungsfreiheit mehr hat und dem sicheren Tod
ausgeliefert scheint, daß sie der Dichter der Selbstreflexion
und Selbstdarstellung enthebt«[28]. Das klingt plausibel und
wird durch die Feststellung W. Hinderers, dass alle an der
Rettungsaktion Beteiligten »meist aus der subjektiven Perspektive der fiktionalisierten Personen beschrieben«[29] sind,
erhärtet werden.

Ebenso wie der Lesende Klosterschüler ist Judith ein ›Ob-
jekt‹, an dem sich Handeln weitgehend vollzieht. Als Gregor sie mit der Plastik konfrontiert, ist sie sich ihres Kunst-
wertes wohl bewusst. Sie kann aber nicht einflussnehmend
in das Geschehen eingreifen, bringt allerdings nach der er-
langten Freiheit den Jungen dazu, mit Knudsen wieder zu-
rückzufahren (146).

Der Entwurf zur Freiheit liegt in uns selbst, dafür leben
wir, hatte Andersch in *Die Kirschen der Freiheit* postuliert.
Sie ist als Ziel und erstrebenswertes Ideal grenzenlos. In
Sansibar setzt Andersch auf das Wagnis der individuellen
Entscheidungsfreiheit, die kollektiv eingelöst wird. Dabei
geht es nicht vorrangig um die detailrealistische Wiedergabe
des Kampfes einzelner gegen totalitäre Machtsysteme, die
Freiheit verhindern. *Sansibar* ist ein Wirklichkeitsmodell,

27 Für H. Pischdovdijan manifestiert sich darin »der Freiheitswert seiner Ent-
    scheidung, die nicht weniger wert ist als eine Entscheidung zur Freiheit«. –
    Pischdovdijan (Anm. 25), S. 77 f.
28 Egon Ecker, *Alfred Andersch: Sansibar oder der letzte Grund – Fahrer-
    flucht*, Hollfeld 1994, S. 33.
29 Hinderer (Anm. 16), S. 76.

autobiogr. Anteile

jenseits aller Ideologie auch ein »politischer Roman«, der dem Menschen mahnend aufzeigen will, »was allzu schnell vergessen worden ist«[30]. Die in *Sansibar* realisierte Freiheit über den Weg sehr differenzierter Selbst- und Fremderfahrung mündet am Ende für alle Beteiligten in dasselbe Ziel: zum Aufbrechen von Isolation und zu selbstverantworteter Handlungsfähigkeit.

Auch *Sansibar oder der letzte Grund* ist, wie zuvor angesprochen, in hohem Maße autobiografisch geprägt, nicht jedoch als lediglich erinnernder Rückruf, sondern als ästhetisch reflektierte Brechung eigenen Erlebens. Unaufdringlich treten dabei die mannigfachen Bezüge zur Lebenswirklichkeit des Autors in Erscheinung: der gewählte mecklenburgische Landschaftsausschnitt; die Gestalt des Geistlichen Helander, in die Andersch das Bild des unvergessenen Pfarrers seiner Jugendzeit, Johannes Kreppel, als eine Art »Wunschbild des eigenen Vaters«[31] hineinprojizierte; die ›Georgenkirche‹ als wichtigster Handlungsort des Romans, an der Anderschs in seiner Jugend gewachsene Liebe zur Kirchenarchitektur und -kunst greifbar wird; die lebenslange Skandinavien-Liebe, insbesondere zu Norwegen, gekoppelt mit Erinnerungsbildern an die (zum Zeitpunkt der Romanniederschrift knapp ein Jahr zurückliegende) Schwedenreise. Das andächtige Sich-Hineinversenken in Stille und Schönheit von Augenblicken, die Ruhe des Verweilens, ist nicht nur eine formal-logische Komponente des Romans, resultierend aus den personalen Erzählsituationen, sondern ist unmittelbarster Ausdruck von Alfred Anderschs Weltsehen und Weltverstehen. Es wird dies augenfällig vor allem in Landschaftsbildern, die in großer Varietät wiederkehren, gleichsam ästhetische Paradigmata, an denen *Sansibar* nicht weniger reich ist als *Die Kirschen der Freiheit*.

Sansibar beeindruckte die Leser und die Kritik noch aus ei-

---

30 Heißenbüttel (Anm. 20), S. 84.
31 Nach dem Verständnis Walter Hinderers (Anm. 16), S. 80, nahegelegt durch Alfred Andersch, *Die Kirschen der Freiheit*, S. 14–16.

nem anderen Grund. Erstmals fokussierte Andersch in der Figur des Lesenden Klosterschülers seine Auseinandersetzung »um Kunst und Ästhetik als wirksame Freiheitsakte, als Enthüllungsprozesse der Wirklichkeit und Revolte gegen den Terror der Ideologie«[32] auf ein Kunstwerk. In dem Roman *Winterspelt* wird ebenfalls ein Kunstwerk, ein Bild des Malers Paul Klee, zum leitenden Aktionsmotiv für eine der Hauptgestalten werden. »Als Inbegriff freier Kunst«, fasst B. Jendricke die Rolle und Funktion des Lesenden Klosterschülers zusammen, »repräsentiert die Plastik die individuellste Freiheit, die sich denken läßt.«[33] Andersch unterstreicht damit in »narrativer Selbsttherapie«[34] gültig ein ›neues‹ Engagement, das sich auch in seinen theoretischen Beiträgen zur Literatur fortsetzt.

—

Winterspelt. Roman.   Erschienen 1974 in Zürich (Diogenes Verlag); dort 1977 auch in leicht überarbeiteter Fassung als Taschenbuch. Dieser Roman liegt neben *Sansibar oder der letzte Grund* in vielen fremdsprachigen Ausgaben vor (zuerst 1978 E und F). Die Verfilmung des Romans unter der Regie von Eberhard Fechner (1978) war trotz ihrer künstlerischen Qualität nicht herausragend erfolgreich.

Dichter, intensiver, umfangreicher und differenzierter als alle anderen Erzählungen und Romane, stellt *Winterspelt* Anderschs Hauptwerk dar. In diesem Roman sind alle Denkfiguren, Konstruktionsmuster und Problemstellungen, die Andersch zuvor erprobt und entwickelt hatte, zusammengefasst und neu verarbeitet. Es ist sein »literarästhetisch radikalstes und intellektuell am klarsten durchkonstruiertes Werk«, wie L. Baier im Nachwort zu dem Band

32 Hinderer (Anm. 16), S. 73. – Hinderer bezieht sich in diesem Zitat explizit auf ein Kapitel aus dem Buch von Alfons Bühlmann, *In der Faszination der Freiheit*, Berlin 1973.
33 Jendricke (Anm. 6), S. 83.
34 Sollmann (Anm. 14), S. 29.

Meistererzählungen schreibt.[35] Winterspelt ist ein Eifel-Dorf, nahe der belgischen Grenze. Die Eifel war Andersch aus langen Lebensjahren, die er im Raum Prüm verbrachte, und aus vielen Reisen vertraut. In seinem Werk bildet sie jedoch selten den geografischen, geschichtlichen oder soziokulturellen Hintergrund. Ende 1953 hatte Andersch das Geschehen einer Nachkriegserzählung, *Die Letzten vom Schwarzen Mann*, dort angesiedelt.[36] In *Winterspelt* griff Andersch erstmals nach langer Zeit das Thema ›Krieg‹ wieder auf. In Anderschs Roman erwägt ein deutscher Major, sein Bataillon einer amerikanischen Einheit, die ihm auf der anderen Seite des Flüsschens Our, nur eine Steinwurfweite entfernt gegenüberliegt, kampflos zu übergeben. Der Major weiß, dass der Krieg verloren ist, und möchte sinnloses Blutvergießen vermeiden. Der Plan scheitert, weil die Gegenseite nicht darauf eingeht. Er passt nicht in ihr eigenes strategisches Konzept.

Der historische Hintergrund: Am 16. Dezember 1944 begann die Ardennen-Offensive, eine der härtesten und verlustreichsten Schlachten des Zweiten Weltkrieges. Hitler hoffte, die im Westen vordringenden Briten und Amerikaner aufzuhalten, vor allem sie durch einen massiert vorgetragenen Überraschungsangriff zu zerschlagen. Amerikanische Bomber und fehlender Treibstoff brachten die vorgetragene Offensive jedoch zum Erliegen. Die Kämpfe im Eifel-Ardennen-Raum kosteten ca. 75 000 Menschen das Leben. Vor der historischen Kulisse inszenierte Alfred Andersch ein Spiel im Möglichkeitsfall, an dem ein halbes Dutzend Menschen in einer für sie und vielleicht für andere Menschen außerordentlich bedeutsamen Lebenssituation teilhat.

---

35 Lothar Baier, »Alfred Andersch. Eine Skizze«. In: A. A., *Meistererzählungen*, Zürich 1992, S. 183–205.
36 Vgl. Alfred Andersch, *Die Letzten vom Schwarzen Mann*, in: A. A., *Geister und Leute. Zehn Geschichten*, Freiburg i. Br. 1958 (Zürich 1974). Die Erzählung wurde auch in einer Hörspielfassung bekannt (1954).

Alfred Andersch vor der Ortstafel von Winterspelt

Aber nicht das historische Ereignis steht im Zentrum des
Romans, sondern – ähnlich wie in *Sansibar oder der letzte
Grund* – die Entscheidungssituation einzelner Personen, die
von Andersch zueinander in eine Beziehung gebracht werden. Das, was sich ereignet, stellt sich in beständig wech-
selnden Momentaufnahmen aus den unterschiedlichen Biografien, Betroffenheiten und Erfahrungen von sechs Personen dar, die das engere Personalgeflecht des Romans bilden.
Andersch koppelt mit diesen figurenbezogenen Denk- und
Handlungselementen authentische Wehrmachtsdokumente.
Erst aus dem Zusammenfügen aller in pointillistischer Technik eingebrachten ›Blickpunkte‹ erlangt der Leser ein sich
allmählich vervollständigendes Gesamtbild, das so vollkommen ist, wie die Wirklichkeit hätte sein können. Das
Ganze wird unter eine »Versuchsanordnung« gestellt, »in
der unter genau festgelegten Bedingungen erprobt wird,
welche Handlungsmöglichkeiten bestanden.«[37]

37 Jendricke (Anm. 6), S. 108.

Alfred Andersch, der maßgenaue Baumeister der Form und
Sprache, hatte in dem frühen Interview mit H. Bienek, aus
dem bereits zitiert wurde, deutlich ausgeführt, wie wichtig
für ihn der Entwurf, der Bauplan seiner Bücher war, dass er
zwei Grundprinzipien gefolgt sei, die für ihn als Schriftsteller besonders wichtig gewesen seien: »die Leidenschaft zur
Komposition eines Stoffes und zur Disposition eines um-
fangreichen Textes«, ferner, »Geduld«.[38]

Bezogen auf den Roman *Winterspelt* konkretisierte er diesen strukturologischen Ansatz in einem Gespräch mit zwei
Schriftstellerkollegen am 29. November 1974: »Es ist ein
Roman, eine Sache – es gibt auch Leute, die es Sachbuch
nennen –, die in drei Schichten stattfindet. Das Buch beginnt mit einer Dokumentenkollage und endet mit einer
Dokumentenkollage. Die Dokumente haben den Sinn, die
politisch-historische Situation, die militärgeschichtliche Situation des ausgehenden Krieges anzureißen, die Situation
vor der Ardennenschlacht und nach der Ardennenschlacht.
Aber sie haben nicht nur diese Funktion, sondern die Dokumente sind so ausgewählt, daß sie sich auf die Aktion beziehen, die sich nun [. . .] aus dem Planspiel des Majors
Dincklage entwickelt. In den Dokumenten wird bereits die
militärisch-politische Aktion des Majors Dincklage sichtbar, die Situation sehr vieler deutscher Offiziere zu Ende
des letzten Krieges. Und nun setzt, nach diesen beiden
Schichten, die Kerngeschichte ein, nämlich was sich aus
diesem Plan des Majors Dincklage, aus einem Versuch,
ihn zu realisieren, für die sechs Figuren, die in ihn ver-
wickelt sind, ergibt. In diese beiden äußeren Schichten ein-
gelassen ist eine Novelle im Sinn der Kleistschen Dramaturgie, eine Novelle als Erzählung einer unerhörten Bege-
benheit [. . .].«[39]

Fünf Personen sind es, die sich mit dem Plan Major Dinck-

38 Alfred Andersch in: Bienek (Anm. 11), S. 142.
39 Helmut Heißenbüttel / Horst Tim Lehner, »Gedankenspiel in den Ardennen«, in: Haffmans (Hrsg.) (Anm. 1), S. 223 f.

lages auseinanderzusetzen haben: die ehemalige Lehrerin Käthe Lenk, in Berlin geboren, durch die Kriegswirren in die Eifel verschlagen, nun Dincklages Geliebte; der vom Schicksal schwer gezeichnete Kommunist Wenzel Hainstock, in einem Steinbruch hausend und auf das baldige Ende des Krieges wartend. Ehe Dincklage kam, hatte Käthe Lenk bei ihm gewohnt; Schefold, ein ehemaliger Kunsthistoriker, der sein Leben außerhalb politischer Ideologien führt und es auf erstaunliche Weise verstanden hat, sich durch die guten und weniger guten Zeiten zu lavieren; der Scharfschütze Reidel, ein Homosexueller, im Zivilberuf Hotelier. Während diese vier Personen, die auf deutscher Seite neben Major Dincklage am Rande des großen Scheiterns einen Weg des Überlebens gefunden haben, mehr oder weniger klare Anti-Hitler-Positionen einnehmen, gerät auf der Seite der Amerikaner Captain Kimbrough ins Blickfeld. Er, ein ehemaliger Anwalt, ist kein Nazi-Fresser und hätte weitaus lieber im Pazifik gedient, als gegen Hitler Krieg zu führen: »Einer, der nicht einmal begreifen wollte, daß die Amerikaner in diesen Krieg hatten ziehen müssen. Der doch der Meinung war, die Deutschen sollten ihr Problem selber lösen« (572 f.). Nun aber liegt er hier mit seinen Männern in der Eifel, durchaus nicht abgeneigt, sich auf Dincklages Vorhaben einzulassen.

Anders als im autobiografischen Roman *Die Kirschen der Freiheit* handelt es sich bei den *Winterspelt*-Figuren um erzählte Figuren, deren Glaubwürdigkeit durch stationenhaft-fragmentarisches Aufblenden ihrer Lebenswirklichkeiten hergestellt wird. Der Leser wird mit Charakteren konfrontiert, denen er sehr unterschiedliche Gefühle entgegenbringt. Major Dincklage, der sich der Zustimmung seiner Leute keineswegs sicher sein kann, entwirft sich vor dem Leser als eine Art Spieler-Natur. Weder will er selbst überlaufen, noch glaubt er im Ernst an den Erfolg seines Plans für sein Bataillon. Nach den Gesetzen der Romankomposition zu *Winterspelt* spielt er das Spiel ohne Ernstfall-Charakter, das der Autor selbst als ein »Sandkastenspiel« entworfen hat. Käthe Lenk wird von W. Koeppen als »eine Windgestalt« bezeichnet, »ein zärtlicher Roman im Roman«[40]. Hainstock ist ein beinahe tragischer Mensch, an dem die Ereignisse des Krieges vorüber gezogen sind, ohne dass sich zu seinem Glück und Vorteil etwas geändert hätte. »Die fesselndste, die anziehendste Person ist Schefold«[41], schreibt W. Koeppen in unmissverständlicher subjektiver Sympathiebekundung für jenen überlegenen und kultivierten Kunstkenner im Roman, stets irgendwo »im Niemandsland«.

Ausgerechnet ihn ereilt ein unwürdiger Tod: er wird von Reidel eiskalt erschossen, der weder politisch noch persönlich gegen ihn eingestellt war, der vielmehr schoss, weil er »wild darauf war, endlich einmal das ganze Magazin des Karabiners in einer einzigen Geschoßgarbe entladen zu können« (149). Hubert Reidel, die scheinbar nebensächlichste Romanfigur, ist für Koeppen »der Träger der niederdrückenden Wahrheit, der staatserhaltende Mensch, staatserhaltend vor der Diktatur, in der Diktatur, nach der Diktatur, mordend, wenn der Krieg die Gelegenheit bietet und die Staatsmacht ihn deckt«[42]. Reidel ist die kälteste, am wenigsten menschliche Figur, von Andersch im Ansatz so gewollt wie jede der übrigen Figuren auch, in deren Existenz, Handlungsweise und Sprache immer etwas »über den Bereich dieser Personen weit Hinausgehendes begründet liegt«[43].

Reidel, der sich überraschend, selbst für den Autor, durch

---

40 Nach S. Reinhardt ist Käthe Lenks Lebensgeschichte identisch mit der von Frau Gisela Andersch. Alfred Andersch habe es selber so formuliert, aber auf Nachfragen keine näheren Angaben dazu gemacht. – Vgl. Reinhardt (Anm. 2), S. 590.
41 Wolfgang Koeppen, »Die Leute von Winterspelt«, in: Haffmans (Hrsg.) (Anm. 1), S. 15.
42 Koeppen, ebenda, S. 160.
43 Helmut Heißenbüttel / Horst Tim Lehner, »Gespräche mit Alfred Andersch«, in: Haffmans (Hrsg.) (Anm. 1), S. 230.

seine Sprache verselbständigt, gerät zum ›Modellsoldaten‹.
Andersch betont, dass dieser wie kein anderer des Romans
nahezu ausschließlich eine durch die Sprache determinierte
Figur ist: »Es ist mir ganz merkwürdig ergangen, daß ich
aus diesem Konzept des Aufbaus einer Figur aus linguisti-
schem Material gar nicht mehr herauskam, je länger ich
mich mit dieser Figur beschäftigt habe.«[44]
Der von Andersch verwendete Begriff »Sandkastenspiel«
charakterisiert die Mehrschichtigkeit des Romans und seine
Absicht treffend: planvoll zu spielen ... Zwar sagt Käthe
Lenk: »Weißt du, ich glaube nicht, daß es in bezug auf geschichtliche Ereignisse viel Sinn hat, Konditionalsätze auf-
zustellen« (99), doch hält ihr Hainstock entgegen: »Wenn
man darauf verzichtet, sich vorzustellen, wie es hätte sein
können, verzichtet man auf die Vorstellung einer besseren
Möglichkeit überhaupt. Dann nimmt man die Geschichte
hin, wie sie eben kommt« (100).
Geschichtsfatalismus ist Anderschs Sache nie gewesen, und
so zwingt er auch dem Leser eine Mitspiel-Situation auf,
bringt ihn dazu, den kreuzenden und einander verschlin-
genden Lebensspuren der sechs Menschen zu folgen und
sich seine eigenen Gedanken dazu zu machen. »Dem politischen Moment eine epische Form geben«[45]: Andersch stellte
sich dieser für ihn stets neuen und spannenden Herausforderung in seinem Roman mit einer neuen Variante seiner
schier unerschöpflichen Form- und Fabulierkunst, freilich
nicht ohne Blick für die historische Realität: Graf Schwerin,
der Kommandant von Aachen, hatte (erfolglos) versucht,
die Stadt und ihre Menschen durch rechtzeitige Übergabe
an die Amerikaner zu schonen.
War in *Sansibar oder der letzte Grund* die Plastik des Lesenden Klosterschülers zentraler Bezugspunkt für einzelne

44 Alfred Andersch in: Haffmans (Hrsg.) (Anm. 1), S. 231.
45 Diese Formel, die spätestens seit *Sansibar oder der letzte Grund* für Anderschs Schreiben gültig geworden ist, trifft entschieden auch auf *Winterspelt* zu.

Menschen geworden, so sind es in *Winterspelt* zwei gegen-
sätzliche Bilder, die zumindest zwei Menschen stark beschäftigen: das »größte Gemälde der Welt« und »Polyphon
umspieltes Weiß«, das eine Kimbrough, das andere Schefold. Während Kimbrough sich Fragen zum Wirklichkeits-
gehalt des größten Gemäldes der Welt stellt (409), das eine
der Schlachten aus dem amerikanischen Sezessionskrieg
darstellt, gewinnt das im Format eher unscheinbare Bild
von Paul Klee für Schefold große Bedeutung. Schefold hatte
das Bild aus Frankfurt mitgenommen, um es vor der Vernichtung zu bewahren, die der Stadt und ihren Kunst- und
Kulturschätzen drohte. Es war eine Aktion, die, wie sich für
Schefold herausstellte, ebenso wenig nötig gewesen wäre,
wie sich als Kurier auf die gefährlichen Wege zwischen den
Fronten zu begeben. Er hätte das Bild in Frankfurt lassen
können, denn die Gemälde waren vor der Zerstörung der
Stadt auf dem Wege der Versteigerung in die Schweiz und
damit in Sicherheit gelangt. Schefold fühlt sich »um den
Sinn seiner Tat betrogen« (558) und nimmt sich vor, das
Bild nach Frankfurt zurückzubringen. Doch ereilt ihn ein
anderes Schicksal. Erst später, nach dem Krieg, sieht ihn
Hainstock, einem Schattenwesen gleich, am Rande des Or-
tes, an dem er erschossen worden war, rauchend unter einer
Kiefer, überzeugt, dass es sich um ein Trugbild handele,
doch lakonisch befindend: »[. . .] na schön, dann weiß ich
jetzt wenigstens, wo ich Schefold finde, wenn ich mal Lust
habe, ihn wiederzusehen« (629, »Wiedergänger«). Seltsame
Begegnung des am Leben gebliebenen Kommunisten und
des toten Schöngeistes. Das Irreale setzt sich fort, für Koeppen »schön und konsequent in der Dramaturgie des Kam-
merspiels«[46].
Was in dem Schlachtengemälde höchst konkret, kolossal
und mit naiv-verwegenem Anspruch dargestellt worden ist,
will Andersch in seinem Roman über ein Stück (Welt-)Ge-

46 Wolfgang Koeppen, »Die Leute von Winterspelt«, in: Haffmans (Hrsg.)
(Anm. 1), S. 160.

schichte so nicht wiederholen. Nach seinem Verständnis
kommt man ihr besser durch variierte, versuchte Annähe-
rungen bei – Farben um eine weiße Mitte bewegt. Im Spiel
der Möglichkeiten, mit einem Gran Wahrscheinlichkeit,
wird Geschichte so zu einer phantastischen Utopie. Obwohl sich auch in *Winterspelt* dem Leser das bei Andersch
stets wiederkehrende Fluchtmotiv deutlich herausheben
lässt (Major Dincklage), macht gerade dieser Roman klar,
wie sehr sich inzwischen der Autor der Unzulänglichkeit
von Aus-Flüchten im Abstand der Jahre, zum *Sansibar*-Ro-
man etwa, bewusst geworden war, umso mehr dann, wenn
es darum ging, »politisches Handeln, kollektive Prozesse,
geschichtliche Vorgänge zu erfassen«[47]. Warum ist der Faschismus nicht zu verhindern gewesen, warum nicht die
Katastrophe Deutschlands? Was hat der Einzelne getan, um
beide aufzuhalten?

Sich der Vergangenheit stellen, verändernd in die Geschichte eingreifen, wenigstens nachträglich, um das Wissen
auszuspielen und das Wiederholen alter Fehler zu vermeiden. Gewiss, für Andersch war es auch ein intellektuell-
artistisches Spiel mit den Möglichkeiten seiner Kunst. Da-
hinter jedoch stand – wie immer – die Frage nach dem Menschen und seiner Verantwortung gegenüber sich selbst und
allen anderen.

Beim Lesen des über 600 Seiten starken Romans, in dem das
Erzählte »eher an Gedanken als an Handlungsmomenten«
festgemacht ist[48], kann leicht übersehen werden, wie nahtlos
sich sprachlich alles ineinanderfügt, wie Andersch auch hier
wirklich ›erzählt‹: »Wie da Namen, Orte, Zeitabschnitte
auftauchen, Sätze entstehen, die erst schemenhaft sind, dann
Konturen erhalten, Farben erhalten, Fleisch ansetzen; wie

---

47 Hanjo Kesting, »Winterspelt«, in: Haffmans (Hrsg.) (Anm. 1), S. 144.
48 So betont W. Schütte den auffallend essayistischen Grundton dieses Romans. Daraus folgt, dass »hier gar keine Gestalten, Figuren, ›rundum‹ dargestellte Personen entstehen können (dürfen?).« – Vgl. Wolfram Schütte,
»Sachbuch über Denkweisen im Möglichkeitsfall«, in: Haffmans (Hrsg.)
(Anm. 1), S. 153.

durch Wiederholung, wechselnde Beleuchtung, Umkehrung kubistische Aspekte eröffnet werden; wie sich in grammatischen Kreuz- und Querzügen, durch Haupt- und Nebensätze (in plötzlich eingesprengten Klammern) Voraus- und Zurückdeutungen einstellen; wie ein Erzählstrang auf einen Höhepunkt geführt, dann abbricht, durch einen anderen ersetzt wird, um später wieder aufgegriffen zu werden; wie da durch Zeit- und Ortswechsel, durch verschiedene Erzählhaltungen, Kommentare, Abschweifungen und Ergänzungen ein luftiger, schlanker, komplizierter Erzählbau errichtet wird und eine geistige Gelenkigkeit entsteht: das ist einfach mitreißend, meisterhaft.«[49]

Andersch hatte einen großen Roman geschrieben, einen, dessen Besonderheiten man erst nach wiederholtem Lesen (und dafür braucht es einige Zeit!) aufgespürt hat und in ihren Wirkungsbezügen erkennt. Koeppen kommt zu dem Schluss, dass es sich bei diesem Roman, der ihn wieder und wieder fessele, auch um ein »böses« Buch handele, voller Sarkasmus und Ironie, besonders dort, wo und in den Zusammenhängen, in denen die hohen Militärs und der Führer selbst zitiert werden.[50] Für *Winterspelt* erhielt er großes Lob der Kritik, und der Roman trug dazu bei, dass er sich der nun wieder auflebenden Freundschaft mit Max Frisch erfreuen konnte. Es trafen ihn aber harte Verrisse.[51]

49 Schütte, ebenda, S. 153.
50 Vgl. Koeppen (Anm. 46), S. 162.
51 Die ersten kritischen Rezensionen (*Die Zeit*, *FAZ*) merkten besonders das Artifizielle des Romans an. Die vernichtende Kritik Marcel Reich-Ranickis, der provokant fragte, welchen Sinn die Lektüre eines solchen Romans überhaupt habe, empörte Alfred Andersch. – Auf der anderen Seite wurde der Roman in anderen großen deutschen Tageszeitungen positiv besprochen (*Süddeutsche Zeitung*; *Frankfurter Rundschau*). In der *Deutschen Zeitung* schrieb Günther Schloz: »Dem Leser vermittelt der offene, doch nach strengen Regeln geführte Erzählvorgang die Einsicht, daß geschichtliche Abläufe, gesellschaftliche Konstellationen nicht zwangsläufig, unabänderlich sind, sondern die tätige Verweigerung einzelner die gar nicht unbeträchtliche Chance hat, weitreichende Veränderungen zu bewirken. Dieser Roman [...] setzt [...] konkrete Utopie in der Form von Hoffnung frei.« – Reinhardt (Anm. 2), S. 534 f.

Bezieht man Problemstellung, Form und Sprache, die Andersch in diesem Roman aufgeboten hat, auf sein politisch-ästhetisches Engagement, so kommt klar zum Ausdruck, dass er der Verweigerer, der ›einsame Wolf‹ geblieben war mit einem unerschütterlichen Anspruch auf ästhetische Selbstverwirklichung,[52] den er im Bewusstsein des hohen moralisch-ethischen Wirkungspotentials von Kunst auch in diesem von H. Kesting als »Gegenentwurf zur deutschen Geschichte«[53] bezeichneten Roman durchhielt. Aber auch die Gegenwart stellte Forderungen. Mit einer sachlichen Klarstellung in geradezu klassischem britischem Understatement über seinen Beruf als Schriftsteller[54] wandte sich Andersch wieder den aktuellen Vorgängen in der Bundesrepublik Deutschland zu. Das kritische Gedicht *artikel 3 (3)* ließ nicht lange auf sich warten.

2. Hörspiele

Fahrerflucht. Hörspiel.   1958 in Hamburg veröffentlicht. Später in den Band *Vier Hörspiele* aufgenommen (München: Deutscher Taschenbuch Verlag, 1965), ehe es unter dem Titel *Hörspiele* in Zürich erschien (Diogenes Verlag, 1973).

Dieses bis zum heutigen Tage populärste Hörspiel Anderschs wurde 1963 im Südwestfunk ausgestrahlt und zählt zu den Klassikern der Gattung. Ihren konventionellen

---

52 Erkennbar wurde aber bereits in diesem Roman Anderschs abermalige Hinwendung zu einer mehr »kämpferischen, radikal-demokratischen Haltung«, die B. Jendricke als kennzeichnend für die letzten Schaffensjahre des Autors hält. – Vgl. Jendricke (Anm. 6), S. 116.
53 Hanjo Kesting in: Haffmans (Hrsg.) (Anm. 1), S. 144.
54 Andersch sagte über sich als Schriftsteller: »Ich bin ein kleiner Gewerbetreibender in dem Sinne, daß ich Bücher herstelle und sie dann verkaufe. Ich mag große Töne nicht.« – Alfred Andersch in einem Interview am 18. Januar 1975, zitiert nach Reinhardt (Anm. 2), S. 538.

Mustern verpflichtet, werden darin Erinnerungs- und Reflexionssequenzen von drei Personen (Tankwart, Manager, Mädchen) in der Technik der simultanen Personenführung aus der Vergangenheit in die Gegenwart projiziert. Ein Ansager leitet diese Sequenzen ein; eine in Einzelsprecher aufgeteilte Sprechergruppe schafft den jeweils situationsentsprechenden faktischen und atmosphärischen Hintergrund. Pausen und Raumwechsel gliedern die Sprech-Sequenzen der drei Personen. Eine Jazzcombo untermalt das Geschehen, das sich an einem Julimorgen in der Nähe der Autobahnausfahrt Stuttgart-Nord ereignet.

An jenem Sommermorgen kreuzen sich zufällig die Lebenswege von drei einander fremden Menschen durch ein ebenso absurdes wie alltägliches Unglück, und »drei Schicksale von Menschen entschieden sich [...], zwei davon in dem Augenblick, der ihrem Leben die kühnste Wendung geben sollte«, wie H. Schwitzke die Kernsituation zusammenfasst.[55] Eine junge Radfahrerin, auf dem Wege zu einem Treffen mit einem jungen Mann, wird von einem Auto erfasst und getötet. Der Fahrer, ein Manager, unheilbar krank und im Begriff, seinem Leben noch einmal Sinn und Richtung zu verleihen, begeht Fahrerflucht. An einer Tankstelle unweit der Autobahnausfahrt Stuttgart-Nord drückt er dem Tankwart 100,00 DM in die Hand, hoffend und vertrauend, dass dieser auf Nachfragen der Polizei, die unweigerlich zu erwarten sind, keine präzisen Angaben über ihn machen wird.

Der Tankwart, dem die Kratzspuren am Fahrzeug sehr wohl aufgefallen waren, rekonstruiert aus Erinnerungsfragmenten einen wesentlichen Abschnitt seiner eigenen Vergangenheit. Der Fahrer des Autos, der am fraglichen Morgen bei ihm nachgetankt hat, erinnert ihn an einen ehemaligen Oberfeldwebel, der in der Endphase des Krieges in Italien einen Einsatzbefehl gefälscht hatte, um sich von der

55 Heinz Schwitzke (Hrsg.), *Reclams Hörspielführer*, Stuttgart 1969, S. 38.

Front abzusetzen und ihn, seinen jungen Melder, mit vor-
gehaltener Pistole zum Schweigen gezwungen hatte. Der
Fahrer des Autos ist ihm zwar unsympathisch, »eines von
diesen runden, käsigen Gesichtern, die heute die Macht und
das Geld haben« (19). Aber war es damals die Angst vor der
Pistole, die über das Gewissen siegte, so ist es an diesem
frühen Morgen ein Hundertmarkschein aus der Hand des
ihm fremden Mannes, »der genau die gleiche Sorte Angst«
(18) in ihm hervorruft. Wieder entscheidet er sich für das
Schweigen.

In aller Frühe hatte der Manager sein Haus verlassen, um
sich von den Bindungen an seine Familie und seinen Beruf
endgültig zu befreien. In Baden-Baden hat er sein Fahrzeug
in eine Werkstatt gebracht, und beim Nachdenken über den
Unfallhergang und seine Folgen sieht er Bilder und Stationen seines bisherigen Lebens an sich vorüberziehen. Er erinnert sich an seinen steilen beruflichen Aufstieg unter der
Herrschaft der Nationalsozialisten, begünstigt durch seine
Skrupellosigkeit und Bestechlichkeit in einer Gesellschaft,
in der andere ebenso handelten – »der fähigste Mann [...]
bedeutete der käuflichste Mann« – (32); an den Beginn seiner Krankheit, als Lungenkrebs diagnostiziert und von den
Ärzten keine Heilung mehr in Aussicht gestellt worden
war. Nun, auf der Flucht vor diesem Teil seiner Vergangenheit und seinen Folgen, steht er plötzlich vor einer neuen
Realität. Aber er ist nicht fähig, sich zu seiner Schuld zu be-
kennen, und erkauft sich das Schweigen eines fremden
Mannes mit Geld.

Das Mädchen, eine junge Auszubildende in einem Textilge-
schäft, hat bislang ein bescheidenes und sehr zurückgezoge-
nes Leben geführt. Die Kundschaft kommt gern, um sich
von der jungen Frau bedienen zu lassen, obwohl diese sich
bislang nicht für die Menschen interessiert hat (41), mit denen sie in ihrem Beruf zusammentrifft. »Sie ist ein kleines
Biest« (41), sagt ihr Chef zur Direktrice. Diese nicht ganz
schmeichelhafte, aber auch nicht nur abwertend gemeinte

Bemerkung, die auch einen Schuss Begehrlichkeit offenbart, gibt seiner jungen Mitarbeiterin einen entscheidenden Anstoß, sich ihrer selbst bewusst zu werden: »Oh ja, ich möchte wie ein kleines, hartes, festes, sauberes Tier sein« (41). Als ein Amerikaner chinesischer Herkunft ihr Vertrauen gewinnt und sie, die Pferde liebt, zu einer Reitstunde einlädt, scheint sich ihr Leben in eine andere Richtung zu wenden. Jäh wird es in den frühen Morgenstunden durch den Unfall zerstört.

Mit dem Schwanken des Tankwarts zwischen Aussagen und Schweigen endet das Hörspiel. Er weiß, dass eine Anzeige gegen den Autofahrer nichts weiter wäre als »die Rache eines Feiglings« (54), dass er sich damit nicht befreien könnte, weder von der alten noch von der neuen Verfehlung, geschwiegen zu haben im Angesicht der Macht. Noch zögert er, aber er hat seine Entscheidung getroffen: »Ich zögere, weil ich weiß, ganz tief drinnen, daß mein Schweigen die Kette meiner Angst zerreißen würde. Ich wäre allein – allein mit meiner Tat« (55).

Wie bereits der Titel des Hörspiels eine Stellungnahme zum Verhalten des Unfallfahrers und zu dem des Tankwarts nahelegt, so fordert Andersch durch eine Doppelfrage, mit der er die Überlegungen des Tankwarts dessen alleiniger Klarstellung und Entscheidung enthebt, jeden zur Mit-Entscheidung auf: »Zufall und Sinnlosigkeit täglich stündlich. Soll man anrufen? Soll man schweigen?« (55).

Im Hörspiel *Fahrerflucht* macht Andersch an den Entscheidungsmomenten des Managers und des Tankwarts seine vom französischen Existentialismus hergeleiteten philosophisch-politischen Grundüberzeugungen transparent. Der Mensch ist das, was er macht im Augenblick der Entscheidung. Diese Freiheit ist die einzige, die er in seinem Leben hat. Sie legitimiert nach Anderschs Daseinsverständnis den Menschen sogar, sich für den Tod zu entscheiden, wie dies Jean Améry, Freund und Weggefährte durch viele Jahre, nicht nur in einem Essay diskutierte (*Hand an sich legen. Diskurs über den Freitod*, 1976), sondern zu einem Zeit-

punkt tat, als Andersch noch um ein Stück Verlängerung
seines eigenen Lebens kämpfte.[56]
Fahrerflucht stellt zugleich ein von Andersch stark empfun-
denes und von ihm radikal thematisiertes Gegenwarts-
problem jener Jahre heraus, das an der Figur des Tankwarts,
aber auch am Lebensweg des Managers festgemacht wurde:
die Gefahr des Niedergangs der bundesrepublikanischen
Gesellschaft in das satte Behagen und das Vergessen. Als
Andersch 1958 seine Hoffnungen auf eine wirklich demo-
kratische Erneuerung in der Bundesrepublik Deutschland
begrub und das Tessin wählte, um dort abseits der ihn sehr
belastenden politischen Verhältnisse als freier Schriftsteller
zu leben, machte er in der Figur des Tankwarts nicht allein
auf ein auch »deutsches Charaktersyndrom: das Kuschen
vor Macht und Geld«, aufmerksam, sondern stellte, wie
S. Reinhardt weiter formuliert, die beunruhigende Frage in
den Raum: »Der Deutsche: war er nicht aber doch mehr als
andere Untertan, ohne Zivilcourage? Noch eben unter Hitler hatte er sich dem Terror des Staates gebeugt. Unterwarf
er sich jetzt nicht dem Terror des Geldes? Tat das nicht die
ganze Bundesrepublik?«[57]

In der Nacht der Giraffe.   Zunächst als Erzählung in *Geister und Leute* (Olten / Freiburg i. Br.: Walter, 1958). Veröffentlicht 1973 im Band *Hörspiele* (Zürich: Diogenes Verlag).

Nach der Rückkehr aus Paris in seine Schweizer Wahlhei-
mat schrieb Andersch die Erzählung *In der Nacht der Giraffe*. Die als Hörspiel eingerichtete Fassung unterscheidet

---

56 Jean Améry nahm sich am 17. Oktober 1978 das Leben. Trotz aller Bestür-
    zung über den Freitod des ihm geistesverwandten Schriftstellers verstand
    Andersch diesen äußersten Beweis absoluten Unabhängigkeitsstrebens. In
    diesem Schritt vollzog Améry die Philosophie, die er gelebt und die er als
    Schriftsteller konsequent vertreten hatte.
57 Reinhardt (Anm. 2), S. 286.

Alfred Andersch vor dem Diderot-Denkmal in Paris

sich inhaltlich nur unwesentlich von der Vorlage. In der französischen Hauptstadt, die er liebte, wurde Andersch Zeuge der Mai-Aufstände gegen die Innenpolitik de Gaulles im Zusammenhang mit der ›Algerien-Frage‹.[58] Von den Rundfunkanstalten wurde die Textvorlage zunächst mit großer Zustimmung aufgenommen.[59] Bald sah sich Andersch mit der gegenteiligen Tatsache konfrontiert: das Hörspiel *In der Nacht der Giraffe* sollte nicht gesendet werden. Man wollte den guten Stand der deutsch-französischen Beziehungen (Adenauer – de Gaulle) durch den politisch hochbrisanten Text, in dem der französische General und Präsident im Kontext fragwürdiger und antidemokratischer Machenschaften dargestellt wird, nicht gefährdet sehen. Als das Hörspiel gesendet wurde, wertete man *In der Nacht der Giraffe* als eines der besten Hörspiele überhaupt.[60] Wie in keinem anderen Hörspiel drückt Andersch darin seine Enttäuschung und seinen Zorn über die Verlogenheit und den Opportunismus der von ihm bis dahin hochgeschätzten und nach seiner Auffassung wesentliche politische Mitverantwortung tragenden Medien aus.

In dem Hörspiel ist der Journalist Pierre Grange, der an die Möglichkeiten der Presse zum Wohle der Demokratie glaubt, im Besitz einer Namenliste von Leuten, die an einem Geheimtreffen zur Vorbereitung eines Putsches beteiligt sind. Pierre kann mit dieser Liste beweisen, dass sogar der französische Präsident seine Hand im Spiel hat. Dem jungen Journalisten, der diese Liste veröffentlichen will, wird von verschiedenen Seiten aus je unterschiedlichen Be-

---

58 Am 13. Mai 1958 kam es in Algier zu einem Militärputsch mit weitreichenden, zum Teil bis heute nachwirkenden Folgen. General de Gaulle wurde daraufhin zum Ministerpräsidenten berufen.

59 In einem Antworttelegramm des Südwestfunks aus Baden-Baden wurde Anderschs Hörspiel mit den Worten »große freude und bewunderung für ihr manuskript« geradezu euphorisch begrüßt.

60 Als das Hörspiel 1958 vom Südwestfunk erstmals mit großem Erfolg gesendet worden war, zogen auch andere Sender nach, die sich zuvor zurückhaltend bis ablehnend gezeigt hatten.

weggründen klar gemacht, wie nutzlos und gefährlich das sei: von Fayard, dem Chefredakteur einer linksbürgerlichen Zeitung; von Solange, seiner Geliebten, und von dem Philosophen Mondello.

In der Tat ist Pierre gefährdet, ohne es wirklich zu ahnen: auf ihn wartet ein »ungefähr 25jähriger Algerier, unglaublich mager, schmal, sehnig, klein und dunkel« (59), der ihm ein Messer zwischen die Rippen stoßen will. Pierre entgeht dem Attentat nur knapp und tötet seinerseits den Angreifer: »[...] seine Faust pflückte das Stilett wie eine Frucht aus der geöffneten Handfläche des Algeriers, der in die Knie brach, als ihm Pierre das Messer mit einer Bewegung von automatischer und besinnungsloser Härte in die Brust stieß« (89).

Das Hörspiel baut sich im Wechsel von Erzählung, Situationsbericht und drei zentral angeordneten Dialogen auf. Diese blockartigen Sequenzen werden akustisch durch funktionale und für Anderschs Hörspiele so typische Raum- und Geräuschwechsel begleitet. Tempo und Dramatik steigern sich in dem auf den Höhepunkt (Attentat) zugeführten Handlungsverlauf. Dabei wiederholt sich eine fast analoge Folge von Text- bzw. Dialogmustern:

Erzähler – Reporter – Dichter   Dialog 1: Pierre – Fayard
Erzähler – Reporter – Dichter   Dialog 2: Pierre – Solange
Erzähler – Reporter – Dichter   Dialog 3: Pierre – Mondello
Erzähler – Reporter – Dichter   Erzähler – Reporter – Dichter
Erzähler – Reporter – Dichter
Erzähler

Atmosphärisch dicht geschildert ist die Nacht des Aufruhrs selbst: Menschen, die das Zentrum überfluten, ein martialischer Auftritt der Sicherheitskräfte, Straßencafés und pulsierendes Leben der Seine-Metropole: lebendigste Gegenwart, aber auch hommage an die großen Jahre des französischen Existentialismus. Abgesetzt davon finden sich Szenen äußerster Ruhe und Zurückgenommenheit in den Delibera-

tionen de Gaulles (der »Giraffe«), in dessen Gesprächen mit
Malraux[61], in den Wortbeiträgen eines Poeten, der – abseits
und scheinbar unberührt von den Tumulten – seinen Visionen und Fantasien nachhängt. Der (Ich-)Erzähler, ein
Freund Pierres, führt den Leser/Zuhörer durch das Geschehen.

In den drei zentralen Dialogen des Hörspiels verliert der
junge, idealistische Journalist Pierre seinen Glauben an die
Rolle und Bedeutung des geschriebenen Wortes im Dienste
der politischen Wahrheit. Aus dem Gespräch mit Fayard
bezieht er keine Rückversicherung für sein Vorhaben, die
Namenliste zu veröffentlichen. Dieser macht ihm klar, dass
Schweigen manchmal notwendig, ja überlebenswichtig ist,
und sei das Dokument noch so sprechend: »Sie haben ein
gefährliches Papier in der Tasche, Grange. Vielleicht wird es
eines Tages ein wertvolles Papier sein. Aber niemals wird es
so wertvoll sein, daß irgend jemand dafür stirbt« (68).
Pierre kann sich mit dieser Haltung Fayards nicht arrangie-
ren. Bisher hat er ihn als einen Mann der kühlen Vernunft,
aber nicht des politischen Kalküls kennen gelernt. Enttäuscht wendet er sich ab, um eine Hoffnung ärmer. Fayards
Zeitung, die einen beträchtlichen Wirkungsgrad hat, steht
ihm als Medium für seine Botschaft nicht zur Verfügung.

Pierre ist entschlossen, sich mit Solange aus Paris zurückzuziehen und ein Leben abseits der politischen Ereignisse zu
führen, in dem es für ihn keine Niederlagen dieser Art mehr
gibt. Anders als Fayard will Solange ihren Geliebten ermu-
tigen, zu seiner Sache zu stehen. Anfänglich verwirft sie
seine Gedanken an Flucht: »Es gibt noch eine andere Möglichkeit« (75). Da sie aber ernstlich um sein Leben besorgt
ist, greift sie Pierres Fluchtgedanken auf und rät ihm
schließlich, vorläufig an einen anderen Ort zu gehen:
»Wenn es stimmt, was Fayard gesagt hat von der Gefahr, in
der du dich befindest, dann wäre es gut, irgendwohin zu ge-

61 André Malraux (1901–76), enger Vertrauter de Gaulles; französischer Mi-
   nister; Schriftsteller.

In der Nacht der Giraffe 69

hen, wo dich niemand vermutet« (77). Da sie selbst erst ihre Arbeiten an einem begonnenen Drehbuch abschließen möchte, kann sie ihn nicht begleiten.

Im dritten Dialog, dem gehaltvollsten des Hörspiels, in dem Andersch selbstironisch Abschied nimmt von seinen eigenen Hoffnungen und Erwartungen hinsichtlich der Wirkung von *Literatur als Presse*, belehrt Mondello sein Gegenüber: »Sie, Pierre, sind Opfer gewisser falscher Lehren über die Demokratie. Zu diesen Irrlehren gehört der Glaube an die Presse und die unmittelbare Wirkung der Literatur« (83). Mondello desillusioniert den jungen Journalisten vollends, in dem er auf die Langzeitwirkung der wirklichen Literatur verweist: »Große Literatur tut etwas anderes: sie bereitet lange und langsame Entwicklungen vor, sie streut in ein paar Gedanken und ein paar Formen Samen aus, die die Welt erneuern« (86). Ihr gegenüber sei die Presse und ihre Literatur nicht mehr als »Fußnote zu den Prämissen der Macht« (83).

Pierre Grange verlässt Paris, um sich selbst nicht zu verleugnen. Dem Erzähler bleibt das letzte Wort vorbehalten. Er äußert seine subjektive Annahme, dass Pierre nach dem, was geschehen war, »nicht mehr zurückkehren würde« (89).

Auch Andersch würde nicht mehr nach Deutschland zurückkehren, jedenfalls nicht, um dort zu leben. Bereits 1956 war er sich vollends darüber klar geworden, dass die Presse in der Bundesrepublik Deutschland ihre Rolle als ›vierte Macht im Staat‹[62] in demokratie- und wahrheitsfördernder Weise eingebüßt hatte. Verbittert äußerte er sich über die restaurativen Verhältnisse im Adenauer-Staat.[63] Für ihn stand

---

62 Die Wiedereinführung der Wehrpflicht, das Verbot der KPD und die Berufung von Franz-Josef Strauß als Verteidigungsminister und das damit verbundene Verhalten der Presse waren die ausschlaggebenden Gründe für Anderschs andauerndes Unbehagen und seine Sorge um den Fortbestand der jungen deutschen Demokratie.

63 An seinen Freund Arno Schmidt schrieb Alfred Andersch: »[. . .] ich habe für Deutschland nur noch Verachtung und Haß übrig [. . .].« Bernd Rau-

fest, dass er seine Kunst, die er in den Dienst von Wahrheit und Wahrhaftigkeit stellte, nur ausüben könnte, wenn er sich selbst treu blieb. Sich selbst treu bleiben, hieß bereits zu jener Zeit für Andersch, »die Freiheit« zu leben, die er »für den absoluten Kanon der Kunst« hielt.[64] Wenn in diesem Sinne nicht Literatur als Presse ihre Wirkung entfalten könnte, dann war die Konsequenz, dies durch Literatur als Kunst zu erreichen. In seinen letzten Lebensjahren hat Andersch wiederholt bedauert, sich allzu lange mit journalistischen Arbeiten aufgehalten und seine eigentliche literarische Arbeit viel zu spät begonnen zu haben.[65] Man mag dem vor dem Hintergrund der Kulissenkämpfe, in die er oft genug geraten war, zustimmen wollen; vielleicht auch, wenn man die Fülle der nicht im engeren Sinne literarischen Arbeiten sieht, die ihn viel Substanz gekostet haben. Andererseits darf gefragt werden: Was wäre der deutschen Nachkriegsliteratur vorenthalten worden, hätte Andersch nicht intensiv seine künstlerischen Ausdrucksmöglichkeiten auf der Suche nach der eigenen Form und Sprache erprobt und geschärft. So fragt auch S. Reinhardt: »War es wirklich vergeudete Zeit? Nicht eher ein notwendiger Teil seiner künstlerisch-intellektuellen Biographie?«[66] Die Antwort hat sich Andersch auch gleich selbst gegeben, in dem ihm eigenen selbstironischen, kurz vor dem Ende seines Lebens besonders sarkastischen Ton: »Worauf habe ich gewartet? Auf Ihre Entwicklung, erklären mir die mir Geneigteren unter meinen Lesern. Aber nichts als Spätentwickler zu sein, ist auch nicht abendfüllend.«[67]

schenbach (Hrsg.), *Arno Schmidt: Briefwechsel mit Alfred Andersch.* Zürich 1985, S. 109.

64 Alfred Andersch in: Bienek (Anm. 11), S. 151.
65 »Anstatt mit Schreiben habe ich die Zeit mit Journalismus vergeudet. Artikel, Reportagen, Redaktionen«, schrieb Andersch in *Böse Träume*. – Reinhardt (Anm. 2), S. 616.
66 Reinhardt ebenda.
67 Alfred Andersch in: Reinhardt, S. 617.

Der Tod des James Dean. Als Funkmontage erstmals 1960 in St. Gallen veröffentlicht. Später in den Band *Vier Hörspiele* (München: Deutscher Taschenbuch Verlag, 1965) und *Hörspiele* aufgenommen (Zürich: Diogenes Verlag, 1973).

Der von dem amerikanischen Romancier John Dos Passos in der Zeitschrift *Esquire* veröffentlichte Essay *The Death of James Dean* gab Andersch den entscheidenden Impuls für dieses Hörspiel.[68] Andersch erweiterte den Essay Dos Passos' zu einer ebenso originellen wie eigenständigen Text-Musik-Montage, mit der er den Weg des ästhetisch-innovativen Experimentierens weiter ausschritt. In diesem kompakten und rhythmisch durchkomponierten Hörspiel fasste er die Möglichkeiten des Mediums ›Funk‹ und seine bis dahin gemachten Erfahrungen als Funk-Autor zusammen. Das Hörspiel fand begeisterte Zustimmung, als er es 1959 an den Südwestfunk schickte.
Formal liegt *Der Tod des James Dean* ganz auf der Linie des nur wenig älteren Hörspiels *In der Nacht der Giraffe*. Inhaltlich und in der Problemstellung unterscheidet es sich von diesem insoweit, als es sich nicht eines aktuellen politischen Geschehens annimmt, sich aber dennoch mit einer deutlich gesellschaftsbezogenen Thematik darbietet.
Die im Hörspiel *Der Tod des James Dean* verknüpften Text- und Musikzitate unterliegen, mit Anderschs Worten, dem leitenden Gedanken, »der finsteren Jugend Amerikas« das Wort zu erteilen, einer Jugend, die als »beat generation«, als die Generation des Aufbegehrens und der Rebellion, auch bei uns zu einem geläufigen kultursoziologischen Begriff geworden ist.[69]
James Dean, der legendäre Schauspieler, der am 30. Novem-

---

68 John Dos Passos (1896–1970), bekannt durch seine Romane *Three Soldiers* (1921), *Manhattan Transfer* (1925) und die Trilogie *USA*, gilt als bedeutender Chronist des Amerikas seiner Zeit.
69 Alfred Andersch, *Hörspiele*, Zürich 1973, S. 93. – Zur Sachthematik vgl. Dieter Baake, *Beat – die sprachlose Opposition*, München 1972.

ber 1955 in seinem Porsche tödlich verunglückte, war in den
USA bereits zu einer Leitfigur für die junge Generation von
Protestlern geworden, noch ehe die »beat«-Bewegung die
Jugend der ganzen Welt erfasste. Als Haupttexte der Funk-
Montage fungieren der Bericht Dos Passos' über das Leben
und den Tod des jungen Schauspielers und die Reportage
Robert Lowrys über den legendären Boxkampf zwischen
»Sugar« Ray Robinson und Jake La Motta um die Welt-
meisterschaft in der Mittelgewichtsklasse. In die lebendi-
ge Vergegenwärtigung der Ereignisse montierte Andersch
Texte jüngerer und älterer amerikanischer Dichter hinein.
Das Ereignis Robinson – La Motta wird von Andersch
durch Zitate aus Werken älterer Lyriker begleitet: Edward
Estlin Cummings (e. e. cummings), Robinson Jeffers, Kenneth Patchen, Kenneth Rexroth und Delmore Schwarz. Sie
artikulieren bereits den Zeitgeist der Dean-Ära.[70] Parallel
dazu wird Dos Passos' Essay durch Allen Ginsbergs mo-
dernes Kult-Gedicht Geheul verstärkt.[71] Wurde James Dean
als Schauspieler zum Idol der Jugend Amerikas, so wurde
Ginsberg durch seine Gedichte zu ihrem geistigen Führer
und ihrem Sprecher. In einprägsamen Sprach-Bildern, die
kein Tabu mehr kennen, drückte er das Lebensgefühl der
damaligen Jugend, der jüngeren ›verlorenen Generation‹ am
nachdrücklichsten aus. Musikzitate von Miles Davis gliedern und akzentuieren die ineinandergeblendeten Textsequenzen.
Die Absicht und den Sinn seiner Montage erläutert Andersch in dem Hörspiel durch einen »Sprecher«, dem er die

---

70 Edward Estlin Cummings (1894–1962) visualisierte als erster moderner
   amerikanischer Dichter seine Wortkunst durch für die damalige Zeit ungewöhnliche Schreibweise, u. a. dadurch, dass er alle Großbuchstaben zugun-
   sten kleiner Anfangsbuchstaben verschwinden ließ. Als einer der ersten
   amerikanischen Dichter verwendete er umgangssprachliche Wörter und
   Wendungen.
71 Der 1926 geborene Allen Ginsberg verkörpert die »beat«-Dichtkunst des
   modernen Amerika am eindringlichsten. Sein Gedicht Geheul (Howl) aus
   dem Jahre 1956 revolutionierte die amerikanische Lyrik.

einführenden Worte überträgt: »Zwischen dem Boxkampf
in Chicago und dem Tod des James Dean liegt ein Zeitraum
von etwa fünf Jahren. In diesen fünf Jahren hat sich entwickelt, was in einer Gestalt wie James Dean und in einem
Gedicht wie dem von Allen Ginsberg Gestalt gewann. In
den Texten der Älteren, in der Figur des Boxers Ray Robinson, wie Lowry sie zeichnet, ist die Stimmung fünf Jahre
später schon vorgeformt. Die Dichter wissen mehr. Deshalb
wurden diese Dokumente ineinandermontiert« (93).

Dos Passos' Text umreißt die Entwicklung des Schauspielers James Dean, seine Eigenheiten, seinen rücksichtslosen –
oft schweigenden – Protest gegen Etabliertes, seine Leidenschaft für schnelle Autos, die ihm schließlich den Tod
brachte. James Dean, der Narziss, der Renegat, »der rup-
pigste Hund, der in ganz Los Angeles herumlief« (107),
»der Rebell, der langsam die Geduld verlor« (109), der
junge Wilde, »absolut dämonisch« (112), den nicht inte-
ressierte, was die Welt von ihm dachte. James Dean aber
war auch »ein armes Kind, das nie eine Chance hatte«, ein
Junge, der »die langen Träume der Jugend« besaß (99), ein
ernsthafter und ehrgeiziger Schauspieler, ein junger Mann,
zu Hass und Liebe fähig und bereit. Das Leben dieses jungen Mannes, bizarr und heftig, gleich einem furiosen
Traum, erlosch im Bruchteil einer Sekunde, als sein Wagen
mit »180 Stundenkilometern Geschwindigkeit« (117) mit
einem anderen Wagen kollidierte, »der von rechts in die
Hauptverkehrsstraße einbog« (118).

Diesem sich in einem gewaltsamen Tod vollendenden Leben
stellt Andersch den sensationellen Boxkampf aus dem Jahr
1950 zur Seite als ein Ereignis von nicht geringerer Wucht
und nicht geringerer Eindringlichkeit. Durch die Technik
der Montage erzielt er den bezwingenden Eindruck von
Gleichzeitigkeit.

Ein Gedicht von e. e. cummings bildet den Auftakt zu neun
längeren, einander ablösenden Lowry- und Passos-Zitaten.
Es gipfelt in der Frage: »Soll nun der Freiheit Stimme nicht

mehr tönen?« (94). Die Zeit hielt die Antwort schon bereit.

Als gegliederter Monolog und leitbildhaft für die Situation
der Jugend Amerikas wird Ginsbergs Gedicht eingeblendet.
Es beginnt mit dem drastischen Benennen eines Tatbestan-
des: »Ich sah die besten Köpfe meiner Generation vom
Wahn / zerstört hungrig hysterisch nackt« (95) und setzt
sich in einer langen Satzkette fort. Vor dem Hörer/Leser
breitet sich ein Panorama einer auf der Flucht und Suche be-
findlichen jungen Generation aus. In anschaulichen, sehr
dichten Situationsbildern werden die Jazz-Atmosphäre der
50er Jahre, die Rausch und Angstvisionen, die psychedeli-
schen Tagträume, der selbstzerstörerische Masochismus, der
verachtungsvolle Protest gegen etablierte Kunst und gegen
Kommerz, die Hingabe an die Lehren der Gurus, die Sehnsucht nach Geborgenheit und Tod vorgetragen – die ganze
Leere einer Generation ohne Ziel und Hoffnung. »Wir haben nichts zu tun, nichts, wo wir hingehen könnten; keiner«, beklagt K. Patchen (96), und: »Wir waren die ganze
Zeit nichts« (100). Visionär beschwört R. Jeffers das Bild
des Menschen, dessen »Schönheit nicht in dem Einzelnen
[ist], sie ist / In dem verzweifelten Rhythmus, den dumpfen
sich drängenden Massen / Im Tanzschritt der Massen den
Berg hinunter« (104).

Kontrapunktisch setzt Andersch gegen die herausgeschleu-
derten Ginsberg-Zitate Lowrys Bericht über den Boxkampf
zwischen dem amtierenden Champion La Motta und seinem Herausforderer Robinson. Lowry kommentiert sach-
kundig und mit menschlicher Wärme und Anteilnahme.
Robinson, strategisch gut beraten, boxt den körperlich
überlegenen Gegner leichtfüßig tänzelnd aus und versetzt
die Zuschauer in rasende Begeisterung: »Es war Ray Robinson's Plan, den Stier bis zu den Zehenspitzen zu ermatten,
bevor er ihn zum Opfer darbrachte« (97). Die bewegende
Reportage beschreibt am Ende einen schwer gezeichneten
Ex-Champion, dem nur durch die Sportlichkeit und Fair-

ness seines Gegners die totale Vernichtung erspart blieb:
»Aber diese Augenblicke des Zögerns in der dreizehnten
Runde, bevor der Schiedsrichter den Kampf unterbrach und
den neuen Champion in seine Ecke zurückführte, gaben
Ray einen Anstrich von Größe« (114). Während der Ge-
winner des Kampfes gefeiert wird, sitzt der Geschlagene in
seiner Ecke, »sehr klein und sehr menschlich und sehr einsam« aussehend (116).

Der gigantische Kampf, nahe am Untergang La Mottas
geführt, und der Lebensweg des James Dean, wie er in
Dos Passos' Bericht aufgezeichnet ist, verlaufen zwischen
Himmel und Hölle, begleitet von Schmerzen, Tränen und
Blut. Den einmontierten Gedichten, teils bitter-melancho-
lisch, teils zynisch-weltverachtend, kommt dabei eine die
Gesamtsituation charakterisierende Funktion zu, die der
»finsteren Jugend Amerikas«, die gar nicht so finster war.

Sehr genau werden von Andersch die Akzente und Abtö-
nungen der Miles-Davis-Zitate in diesem Hörspiel bestimmt. Differenzierter und funktionaler als in *Fahrerflucht*
und *In der Nacht der Giraffe* sind die dynamischen Bre-
chungen bis in das einzelne Textzitat hinein vorgeschrieben,
um dadurch die engstmögliche Verbindung von Situation,
gesprochenem Wort und Musik herzustellen. Miles Davis'
Musik, überwiegend auf elektronisch verstärkter Jazz-
Trompete vorgetragen, steht am Anfang einer Musikbewe-
gung, die sich ab Mitte der 50er Jahre als Jazz-Rock von den
USA nach Europa ausbreitete. Aufgrund ihrer freien
Rhythmisierung ist sie besonders geeignet, den im Hörspiel
zitierten Gedichtausschnitten, die einen effektvollen Vor-
trag erwarten, unterlegt zu werden. Die steigenden und
stürzenden Wort- und Musikelemente im Gleichmaß der
kontrastierenden und alternierenden Texte legen wie in keinem anderen Hörspiel Alfred Anderschs das Bild eines per-
fekt beherrschten Jongliervorgangs mit unterschiedlichsten
Objekten nahe, der den Hörer/Leser in einer genau be-

grenzten Dimension zwischen Illusion und Wirklichkeit gefangen hält.

Der Tod des James Dean will »nichts oder nur wenig erzählen«, erläutert Alfred Andersch im Postskript zu den Hörspielen, »sondern Situationen und Tatbestände darstellen
und durchsichtig machen«.[72] Zwei zeitlich um fünf Jahre
auseinanderliegende Ereignisse am Rande des großen Welt-
geschehens werden dabei mit den Ausdrucksmitteln von
Sprache und Musik zu Momentaufnahmen existentieller
Befindlichkeiten gebündelt, der Untergang eines alten Box-
Champions und der Tod einer Film-Legende: Sekunden-
Stillstand im Fluss der Zeit.

Es ist Alfred Andersch in seinen Hörspielen gelungen, »im
dichterischen Wort den Schlüssel gefunden zu [haben] zu
den Wundern, die hinter der Oberfläche der Erscheinungen
und Gesichter liegen und nur in Gesichten zu erahnen sind.
Gesichte aber sind – im geheiligten Bezirk des verkünden-
den Wortes – die vornehmste Domäne des Hörspiels«.[73]
Diese zusammenfassende Beurteilung von E. K. Fischer, obwohl sie für unser heutiges Sprachempfinden um eine Spur
zu ›aufgetragen‹ erscheinen mag, ist ohne Einschränkungen
auch auf das erzählerische Werk Alfred Anderschs zutreffend.

3. Reiseberichte

Hohe Breitengrade oder Nachrichten von der Grenze.
Ein Reisebericht mit 48 Farbtafeln nach Aufnahmen von
Gisela Andersch.   Erschienen 1969 in Zürich (Diogenes
Verlag); als Taschenbuch 1984 ebenfalls bei Diogenes. Zu-
vor als Film unter dem Titel *Haakons Hosentaschen*
(1966).

---

72 Andersch (Anm. 69), S. 153.
73 Eugen Kurt Fischer, *Das Hörspiel. Form und Funktion*, Stuttgart 1964, S. 7.

In vielen seiner im Laufe von dreißig Jahren veröffentlichten Berichte und Essays im Anschluss an Reisen und längere Aufenthalte gelangte Alfred Andersch durch seine Darstellungskunst weit über die rein abbildende Beschreibung des Gegenstandes hinaus. Voll des Lobes äußerten sich übereinstimmend viele Kenner über diesen weniger populären Teil seines schriftstellerischen Werkes.[74] Zwei Reiseberichte größeren Umfanges sind besonders hervorzuheben, *Wanderungen im Norden* und *Hohe Breitengrade*. Die *Wanderungen*, Anderschs Bericht von einer größeren Nordlandreise, 1962 veröffentlicht, wurden von M. Gasser als »eine der schönsten, gehaltreichsten Reisebeschreibungen in deutscher Sprache bezeichnet«[75], und S. Reinhardt pries *Hohe Breitengrade* gar als »die beste Reiseprosa«, »die er je geschrieben hat«[76]. Als Lektüre im Unterricht könnten beide gewiss neben vielem stehen, was gängiger und immer wiederkehrender Lesestoff in Schulen ist. Allerdings, so muss eingeschränkt werden, scheinen die *Wanderungen im Norden* für die jüngeren Leser eher geeignet zu sein als *Hohe Breitengrade*.

Andersch hatte 1965 die Leitung einer Film-Expedition des Deutschen Fernsehens nach Spitzbergen übernommen. Das Ergebnis dieser Reise, auf die er sich sehr umfangreich und gewissenhaft vorbereitet hatte, war der Bericht *Hohe Breitengrade*. Zur Vorbereitung gehörte für Andersch die Lektüre von Reise- und Tagebüchern großer Polarforscher vergangener Zeiten, die Beschäftigung mit Fachliteratur ebenso wie das Stöbern in Archiven, selbstverständlich Gespräche mit Wissenschaftlern und Kennern des hohen Nordens, deren Namen allein die Gewissheit versprachen, gegen die

---

74 Die Zahl der Würdigungen von *Wanderungen im Norden* und *Hohe Breitengrade*, der Berichte von Anderschs Nordlandreisen, ist nicht sehr umfangreich. Zumeist handelt es sich um Zeitungsartikel oder Rundfunkbeiträge. Vgl. Haffmans (Hrsg.) S. 344 und S. 348–349.

75 Manuel Gasser, Reisebeschreibung, episch-lyrisch. Zuerst erschienen in: »Du« (Das Wort), Zürich, Februar 1963.

76 Reinhardt (Anm. 2), S. 406.

Alfred Andersch in Norwegen

Fährnisse der Eiswelten im hohen Norden bestehen zu
können: »Der Kapitän der ›Lyngen‹ heißt Olaf Jensen, und
seine Offiziere heißen Gudmund Storelv, Roald Arnesen,
Sverre Olsen und Marten Martinsen. Wir fühlen alle, daß
wir mit Männern, die solche Namen tragen, nichts zu be-
fürchten haben« (19).
Hohe Breitengrade gliedert sich in drei jeweils noch weiter
unterteilte Kapitel unterschiedlicher Länge, von denen das
mittlere über die Fahrt mit dem Hochseekutter »Havella«

und die Erkundung der nördlichen Eisregionen das Kernstück des Berichts bildet (30–140). Diesem Bericht stellt
Andersch neun kürzere Kapitel voran, in denen er Leser
einstimmend mit auf die Reise nimmt (9–29). Eine »Nach-
schrift oder ästhetische Flaschenpost« ist dem Hauptbericht
angegliedert, in der Andersch die auf der Reise gewonnenen
Erkenntnisse über die unaufhebbare Ästhetik des Naturschönen thematisiert.

Fjorde, Gewässer, Bären und Robben, kalbende Gletscher
und karge Felsformationen, Vergangenes und Gegenwär-
tiges einer grandiosen Naturlandschaft werden erlebt
und reflektiert beschrieben. Es entstehen jedoch keine
»Stimmungsgemälde romantisierender Prägung«[77], sondern
distanzierte, den Ausnahmesituationen der Begegnung mit
dem menschenfeindlichen Norden entsprechende, sich objektiv annähernde, mit wissenschaftlichen Fakten zuweilen
reichlich ausgestattete Standortbeschreibungen. Die Farbfo-
tos, die Frau Gisela Andersch beitrug, bilden eine absolute
Entsprechung zu Anderschs Text. Es ist somit ein Buch entstanden, das mit dem geläufigen Standard von ›Reiseberich-
ten‹ nichts mehr gemein hat.

Die Natur und die Bewohner der unwegsamen Nordwelt
brachten den empfindsamen Betrachter Andersch zu tiefem
Nachdenken über die Wirklichkeit der gesamten Schöpfung
als einer Einheit, in der der Mensch sich unauffällig und
leise zurückzuziehen hätte. »Das ist der Augenblick, in dem
der Mensch auftreten sollte«, heißt es gegen Ende des Berichts, »nicht irgendein Mensch natürlich, sondern die Ur-
Figur des arktischen Jägers« (150), der eins ist mit seiner ihn
umgebenden zeitlosen Welt. Im Angesicht einer überwälti-
genden Naturschönheit und Ursprünglichkeit, die ihn umgab, wies Andersch das wie selbstverständlich wahrgenom-
mene Recht des Menschen zurück, sich die Erde weiterhin

77 Herbert Heckmann, »*Hohe Breitengrade*«. Zuerst erschienen in: *Neue
Rundschau*, Nr. 2, 1970. In: Haffmans (Hrsg.) (Anm. 1), S. 130.

und überall nach Belieben zu unterwerfen. Er selbst ist bereit, Grenzen anzuerkennen, die der Mensch nicht über-
schreiten darf: »Freiheit wäre da, wo wir an einer Grenze
sagten: es ist genug. Es reicht uns. Dies ist meine Utopie«
(43).
Die Reise in die Unwegsamkeit der hohen Breitengrade
wurde für Andersch auch zu einer permanenten künstlerischen Grenzerfahrung, da ihm die Sprache nicht mehr
zur Verfügung stand, das Gesehene und Empfundene noch
adäquat ausdrücken zu können. »Die sinnliche Einmaligkeit
einer Landschaft«, lesen wir in einem Erklärungsansatz bei
H. Heckmann, »das Zusammenspiel von Farben und Formen, die Gestalt eines Steins oder einer Pflanze entziehen
sich letztlich der verbalen Fixierung. Die Sprache ist mit Be-
deutungen ausgerüstet, die die Individualität einer Beobach-
tung eher zerstören als bewahren. Diese Hilflosigkeit steigert sich zu einer Melancholie des Schreibenden, der in der
Sprache zu ersticken droht: von der Erinnerung an das Gesehene bleibt ihm nur ein kümmerlicher Schimmer. Im Augenblick des Niederschreibens weiß er, daß er die Welt verliert, die er gesehen hat. Die Hilflosigkeit schärft das Wort-
mißtrauen.«[78]
Dieser Verflüchtigungstendenz, ja Ohnmacht der Sprache
begegnete Andersch durch die präzisestmögliche sprachliche Wiedergabe dessen, was er mit allen Sinnen aufnahm.
Der Prozess, das kaum noch Mitteilbare sachlich-sprachlich
auf das Äußerste zusammen zu drängen, führte Andersch in
diesem Buch häufig zu Sätzen wie diesen: »Im Süden, nur
eine halbe Meile weit weg, auf einem im Meer ruhenden
Schneehügel, sitzt, mit aufgerichtetem Oberkörper, die Bä-
rin, ihre schlafenden Kinder im Schoß. Neben dem Schiff
glimmt die Grenze. Ihre Schmelzkante, unter dem Wasser,
leuchtet blaugrün. Die Farben der Welt sind blau, schwarz,

78 Herbert Heckmann, »Hohe Breitengrade«, in: Neue Rundschau, Nr. 2,
1970.

weiß, golden. Die Welt ist aus Email, aus einer Glasmasse,
über die Metall fließt« (140). Aus dem eindrucksvollen Bild
wächst die gesamte Schöpfung hervor: ruhende Mitte und
eine verhalten rotierende, beinahe zum Stillstand gekom-
mene Bewegung um diese Mitte herum; ineinander flie-
ßende und im Licht einander aufhebende Grenzen; scharf
abgegrenzte Farben, die sich in Wechselspielen verändern
oder gar aufheben; eine harte, durchsichtige und zugleich
weich übergossene Oberfläche – unsere Erde.
Andersch war Rilke-Leser. Schreiben, wie Cézanne malt,
das war Rilkes Traum. Wie Rilke den französischen Maler
empfand, drückte er in einem Brief an die Künstlerin Paula
Modersohn-Becker aus. Darin fasste er zusammen, was ihn
an Cézanne so faszinierte: wie dieser »Seiendes auf seinen
Farbinhalt zusammenzog«.[79] Rilkes Gedanken waren ganz
auf eine Ästhetik des Schreibens gerichtet, in der eine prä-
zise Beschreibung eines Objekts das eine, die organische
Einheit von Innerem und Äußerem, den Geist der Materie
in der Sprache darzustellen jedoch das andere, das eigentliche Ziel seines Schreibens war. Das mochte Andersch auch
bei den amerikanischen Schriftstellern der Moderne gefunden und gelernt haben, besonders bei Hemingway. In *Hohe
Breitengrade* kam er diesem Ideal sehr nahe.
Die im Schlusskapitel formulierte Ebenbürtigkeit des
Kunstschönen und des Naturschönen enthält in Ansätzen
die Forderung, ästhetische Theorien zu überdenken und in
angemessenen sprachlichen Kategorien neu zu fassen: »Das
Werk des Weltenbaumeisters [...] darf in gleicher Weise
Gegenstand formaler Betrachtung sein wie ein vom Menschen geschaffenes Kunstwerk. Ein Gebirgszug, der Verlauf
einer Küstenlinie, die Gestalt eines Vogels, die Verteilung
und Färbung einer Flechte auf einem Felsen sind ebenso
das Ergebnis von Formprozessen wie die Kathedrale von
Chartres oder ein Bild von Cézanne, und diese wie jene lö-

---

79 Irina Frowen (Hrsg.), *Mit Rilke durch die Provence*. Mit farbigen Fotogra-
fien von Constantin Beyer, Frankfurt a. M. / Leipzig 1996, S. 95.

sen die gleichen physischen und metaphysischen Erfahrungen aus« (158).

Vielleicht gibt sich der wahre Alfred Andersch in diesem Reisebericht weit eher zu erkennen als in vielen seiner Erzählungen und Romane durch sein intensives Beispiel, Denk- und Handlungsgewohnheiten radikal zu hinterfragen und vom Schriftsteller jene Übernahme von Verantwortung einzufordern, die weit mehr bedeutet als lediglich ein artifiziell ausgewiesenes Wort-Engagement. *Hohe Breitengrade* ist ein sehr wichtiges Buch, das in eine neue Schaffensphase überleitete, in der Andersch sich skrupelhaft mit der Rolle des (schreibenden) Künstlers befasste. In der Erzählung *Mein Verschwinden in Providence* wird er dieses Thema erneut aufgreifen und formal-sprachlich bemerkenswert experimentell darstellen.

4. Erzählungen

Ein Liebhaber des Halbschattens. Titelerzählung aus *Drei Erzählungen* (Olten / Freiburg i. Br.: Walter, 1963), zusammen mit *Opferung eines Widders* und *Alte Peripherie*. Unter demselben Titel Zürich 1974 (Diogenes Verlag) und in *Meistererzählungen* (Zürich: Diogenes Verlag, 1992). Zitiert wird nach dem Band: Alfred Andersch, *Meistererzählungen*, Gütersloh: R. Mohn [o. J.]. Diese Ausgabe folgt der Züricher Ausgabe von 1974.

Die ersten Monate des Jahres 1962 hatten sich unruhig für Alfred Andersch gestaltet. Als er Mitte Mai von einer ›Broterwerbsreise‹ zu Rundfunkanstalten in Deutschland wieder nach Berzona zurückkehrte – in Köln hatte er Heinrich Böll getroffen und auch Paul Schallück[80], hatte Hamburg, Den

---

80 Paul Schallück (1902–76), ein heute kaum noch gelesener Autor, dessen Roman *Die unsichtbare Pforte* zu den bekanntesten Büchern der Nachkriegszeit gehörte.

Haag und Brügge[81] besucht –, machte er sich an die Korrekturarbeiten von *Wanderungen im Norden* und an die Erzählung *Ein Liebhaber des Halbschattens*. Im Detail sorgfältig vorbereitet und verarbeitet, geriet *Ein Liebhaber des Halbschattens* zu einer Meistererzählung. Ihr gegenüber fallen die beiden anderen Geschichten etwas ab, obwohl Andersch mit *Opferung eines Widders* eine fein beobachtete Familiengeschichte gelungen ist, die, so S. Reinhardt, »ein fragiles Gespinst seelischer Beschädigungen« beschreibt.[82] Die dritte Geschichte, *Alte Peripherie*, ist die erste der Franz-Kien-Geschichten und führt weit zurück in Alfred Anderschs Münchener Zeit des Jahres 1930. Sie unterscheidet sich von den beiden anderen Erzählungen des Bandes durch ihren stärker autobiografischen Bezug. Verwandt sind sie, mit B. Jendrickes Worten, durch die Konzentration auf »das Innenleben und die psychischen Befindlichkeiten [ihrer] Protagonisten«.[83]

Protagonist der Titelerzählung ist Lothar Witte. Sich in ein nicht einsehbares Terrain begeben, abtauchen in die Deckung, sich unsichtbar machen selbst inmitten der großen Menge – Lothar Witte ist ein Schattenmensch. »Er saß und starrte auf die mit Laubgrün verhängte Frohnauer Villenstraße ...« (117). Sitzend und wartend in geschütztem Gelände, so wird Lothar Witte dem Leser vorgestellt; sitzend und wartend, »im Schatten der Markise« (151) eines Cafés auf dem Berliner Kurfürstendamm verabschiedet er sich auch von ihm. Alkohol begleitet das Leben, vernebelt im wörtlichsten Sinne seinen Blick dort, wo die Umgebung ihm keine natürliche Abschirmung bietet. Lothar Witte hat sein ganzes Leben im Halbschatten zugebracht, »unauffällig in einer neutralen Zone, in der Licht und Schatten sich

81 Das Stadtporträt Brügges mit dem Titel *Schlafende Löwin*, das im Anschluss an den Besuch der Stadt entstand, wurde in dem Band *Aus einem römischen Winter* (1966) veröffentlicht.
82 Reinhardt (Anm. 2), S. 354.
83 Jendricke (Anm. 6), S. 90.

durchdrangen« (120). Der Schluss der Erzählung legt nahe, dass er sich dort auch weiterhin am wohlsten fühlen wird.

Wer ist Lothar Witte, was macht sein Schattendasein aus? Lothar Witte hat nach dem Zweiten Weltkrieg in der Bundesrepublik Deutschland eine wissenschaftliche Laufbahn eingeschlagen und lebt als Privatdozent (»Spezialist für gewisse Züge der mittelalterlichen Geistesgeschichte«) in Berlin ein nichtssagendes Dasein. Sein etwas abseitiges Wissenschaftsgebiet, mehr noch sein regelmäßiger Griff zur Flasche, haben eine Hochschulkarriere verhindert. – Seine Mutter möchte Verwandte in Hamburg besuchen, und er bietet ihr an, sie dorthin zu fahren. Die Fahrt, auf der er von der vorgeschriebenen Interzonenstraße abweicht, wird für Lothar Witte zu einer alkoholumnebelten Reise in die Vergangenheit, zugleich zu einer Reise in ein anderes Deutschland, in dem er sich, auf alten Spuren gehend, nur mühsam zurechtfindet. Es kommt zu einem folgenschweren Unglück: Durch seine Schuld rollt das ungesicherte Auto bei einer Überquerung des Barrentiner Sees von der Fähre. Dabei ertrinkt Frau Witte. Ihr Sohn setzt bald darauf sein Leben in den gewohnten Bahnen fort.

Wieder handelt es sich um eine Flucht-Geschichte. Alle Motive und Gründe für das Fluchtverhalten sind in Witte angelegt. Es ist diesmal keine ›Desertion‹ mit dem Ziel der konsequenten Übernahme von Verantwortung, sondern die Aus-Flucht eines Schwächlings, der weder seine Vergangenheit noch die Gegenwart zu bewältigen vermag. Wittes Leben im Halbschatten ist auch ein Leben im ›Zwischenland‹. Nichts ist ihm im Leben so richtig gelungen. Locker und spontan, einfallsreich und großzügig war er nur unter Alkoholeinfluss. Im Hitler-Deutschland hatte er es verstanden, um einen Fronteinsatz herumzukommen, um seiner Geliebten nahe zu sein, und lediglich zum Dienst im Kriegsarchiv verpflichtet zu werden – nicht Täter, nicht Opfer. Seine Mutter macht ihm heftige Vorwürfe: »Du warst ein Drücke-

berger, um ihr nah zu sein. Du hast dich ins Kriegsarchiv
kommandieren lassen, um in Berlin bleiben zu können, bei
Melanie. Sie war dein böser Geist« (131). Melanie hatte ihn
verlassen, »spurlos« (133) und auch Richard Brahm, einen
risikofreudigen Spekulanten, der »ihr Arrangement zu
dritt« (135) komplettiert hatte. Sie hatte es den beiden Männern, die sich gut miteinander verstanden, früh genug angekündigt: »Eines Tages werde ich euch aber verlassen, dich
und Richard«, sagte Melanie (135). Der Krieg würde kommen, und nach dem Krieg würden sich die Zeiten ändern.
Sie tat, was sie sich vorgenommen hatte. Dass sie drei Kinder hatte, schien sie dabei wenig zu kümmern. Die Trennung von Melanie setzt Witte am meisten zu, »er trank deshalb wieder aus der Flasche, aber es half nichts, und er
wußte schon, während er trank, daß es nichts nützte, wenn
er sich vollaufen ließ: es gab überhaupt keine Türe, weil es
nicht einmal eine Wand gab, die ihn von Melanie trennte.
Es gab nur einen großen leeren Raum um ihn, einen Raum,
der dadurch gekennzeichnet war, daß Melanie in ihm voll-
ständig abwesend blieb« (132).
Im Verlaufe der Fahrt, in den Gesprächen zwischen Witte
und seiner Mutter wird klar, dass seine Entscheidungs-
schwäche ausschlaggebend für Melanies Abbruch der Beziehungen gewesen ist (142). Dies hat Melanie in einem
Brief mitgeteilt, den die Mutter ihrem angetrunkenen Sohn
jedoch nicht aushändigen will. Das entstehende Handge-
menge um den Brief deutet auf Schlimmeres voraus. Was
von dem Folgenden in seinem Gedächtnis haften bleiben
wird, ist das Gesicht seiner Mutter, die sich nicht aus dem
im See versinkenden Auto befreien kann: »Am Ufer des
Barrentiner Sees, auf den Planken der Fähre hockend, begann es, zu einem Teil seiner Vergangenheit zu werden, und
er begrüßte den Einzug des letzten Gesichts seiner Mutter
in sein Gedächtnis, indem er anfing zu lachen« (149). Witte
überwindet relativ schnell den Schock und wird nach Inter-
vention durch Kollegen der Berliner Humboldt-Universität

aus der Untersuchungshaft entlassen, sodann in den West-
teil der Stadt abgeschoben. Unverzüglich leitet er den Ver-
kauf der Frohnauer Villa ein. Mit dem Erlös will er sich zu-
rückziehen, um in Ruhe an einer wissenschaftlichen Studie
arbeiten zu können. In einem Café trinkt er »vorsichtig und
nicht mehr als zwei Gläser« Cognac. »Dann ging er fort,
um sich ein Hotelzimmer für die Nacht zu suchen« (151).
Diese Vorgänge sind straff, stellenweise lakonisch, auf das
Finale hin erzählt. In acht Textsegmenten mittleren Umfangs (die Erzählung hat ca. 40 Seiten Umfang) werden Vergangenheit und Gegenwart im Erleben Lothar Wittes beständig ineinander geblendet. Phasen des verweilenden Be-
trachtens wechseln dabei »mit konzentriertem Denken«[84].
F. Sieburg äußerte sich anerkennend über den dabei von
Andersch entwickelten Erzählstil und erkannte in ihm eine
Qualität, die es dem Autor erlaube, »zugleich Künstler und
Moralist« zu sein.[85]
Vor dem Leser entsteht »das psychologisch interessante
Portrait eines Mannes, der es unerträglich findet, als Archi-
var im Dritten Reich ein ›Buchhalter der Unmenschlich-
keit‹ [. . .] gewesen zu sein, und der trotz dieser Erkenntnis
auch in seinem späteren Leben in dieser Rolle gefangen
bleibt«[86]. Deshalb wird Lothar Witte nicht als eine sym-
pathische, eher wohl als eine wegen seines zwanghaft-
krankhaften Hangs zum Alkohol bedauernswerte Figur in
die Erinnerung des Lesers eingehen.
Wo aber ist die politische Dimension dieser Erzählung auszumachen, wenn weiterhin als zutreffend vorausgesetzt
werden darf, dass sie in allem von Andersch Geschriebenen
erkennbar ist? S. Reinhardt formuliert sie, Bezug nehmend
auf eine Äußerung Alfred Anderschs, unmissverständlich
und klar: »Andersch, dem Lebensekel und ›cafard‹, Regen-
wettermelancholie und ›taedium vitae‹ nichts Fremdes wa-

84 Friedrich Sieburg in: Haffmans (Hrsg.) (Anm. 1), S. 106.
85 Sieburg, ebenda, S. 106.
86 Baier (Anm. 35), S. 183–205.

ren, war mit *Ein Liebhaber des Halbschattens* eine seiner atmosphärisch dichtesten Erzählungen gelungen, auch deshalb, weil er die Zerrissenheit der deutschen Situation, die Teilung, die nirgends so offenkundig war wie im geteilten Berlin, in der Figur des Lothar Witte mitanklingen ließ.«[87] Auseinandersetzung mit einem ›deutschen Thema‹ der Gegenwart; zu einem ›deutschen Thema‹ würde Andersch auch in seiner letzten Erzählung *Der Vater eines Mörders* zurückkehren, dort jedoch ganz an den Anfang seiner Erfahrungen mit dem dunkelsten Kapitel der jüngeren deutschen Geschichte.

Tochter. Erzählung.   Erschienen 1970 in Zürich (Diogenes Verlag), aufgenommen in den Sammelband *Neun neue Erzählungen* (Zürich: Diogenes Verlag, 1971). Zitiert wird nach dem Band: Alfred Andersch, *Meistererzählungen* (Gütersloh: R. Mohn [o. J.]). Diese Ausgabe folgt der Züricher Ausgabe von 1971.

»In der Erzählung *Tochter* sind Ort, Zeit und Verlauf [. . .] eins zu eins wiedergegeben.«[88] Mit diesem Satz bestimmt S. Reinhardt den autobiografischen Charakter dieses Textes. Eine Besuchsreise Anfang 1967 nach London und Oxford nahm Andersch später zum Anlass, eine existentielle Grundsituation darzustellen, den Augenblick der Trennung, den er oft mit seinen eigenen Kindern, so konkret an Ort und Umstände gebunden, wie sie in der Erzählung dargestellt sind, erlebt hat. Über diesen Moment hinaus, der einen deutlichen Wendepunkt im Leben einer der Zentralfiguren (Vater) markiert, spiegelt sich in *Tochter* auch eine Wende in Anderschs persönlichem Dasein wider. Die Er-

---

87 Reinhardt (Anm. 2), S. 358. – Alfred Andersch stufte die Figur des Lothar Witte als »eine politisch-historische Figur von größter Bedeutung« ein. Zitiert nach: Reinhardt, S. 687.
88 Reinhardt (Anm. 2), S. 440.

zählung ist eine ›short story‹ mittleren Umfangs. Andersch schrieb sie während seines Irland-Aufenthalts 1969 nieder. Das fertige Manuskript ging an G. Haffmans, mit dem er auch über weitere Projekte verhandelte. Von ihrem ersten Erscheinen an nimmt diese Erzählung wegen ihres privaten Charakters eine Sonderstellung in Anderschs Werk ein. Mehr als man es von Andersch bis dahin gewohnt war, teilte er sich persönlich mit, wehmutsvoll und mit verhaltenem Schmerz.

»Alfred Andersch gehört zu den seltenen Autoren, die fähig sind, künstlerische Form mit persönlichem Engagement, Dichtung mit Kritik, spannend erzählte Handlung mit Reflexion zu verbinden«[89], schrieb H. Rüdiger für einen Rundfunkvortrag. Ob Erzählung, Reisebericht oder Roman – immer stößt der Leser auf das, was die Essenz in Anderschs Werk ausmacht: sich mit der Frage konfrontiert zu sehen, »worin das Notwendige und Zufällige in einer Situation von Konflikten und Entscheidungen besteht, mit der Frage nicht aufzuhören, was Mensch-Sein in seiner Komplexität bedeutet«[90].

Um diese Fragen für sich selbst und für den Leser sinnlich fassbar zu machen und sie, von übereinstimmenden Grunderfahrungen geleitet, zu beantworten, benötigte Andersch nicht immer die großen Ereignisse aus dem Leben und aus der Geschichte. Die meisten seiner Erzählungen sind Beispiele dafür. So erklärte er in einem Interview: »Die Größe eines Schriftstellers hängt sehr wohl auch von der Bedeutung der Stoffe ab, die er wählt. Doch welcher Stoff ist bedeutend? Ein anscheinend unscheinbarer kann sich als bedeutender erweisen als eine Haupt- und Staatsaktion.«[91] Der Geschehenskern dieser Erzählung ist kurz und knapp

89 Rüdiger (Anm. 9), S. 40.
90 Friedrich Hitzer, »Fragmente zu einem großen Plan«, in: Haffmans (Hrsg.) (Anm. 1), S. 296.
91 Alfred Andersch in einem Interview mit Kristina Bonilla. In: Richard Salis (Hrsg.), *Motive. Deutsche Autoren zur Frage: Warum schreiben Sie?*, Tübingen/Basel 1971, S. 23.

wiedergegeben: Dr. R. Wenger, Leiter der Röntgenabteilung einer Klinik in Davos, begleitet seine Tochter Thérèse nach Oxford, die dort in einem Internat ihre Schullaufbahn fortsetzen soll. Während eines Zwischenstopps in London besuchen sie einen alten Freund Wengers, bummeln durch bekannte Einkaufsstraßen der englischen Metropole. Am nächsten Tag fahren sie weiter nach Oxford. Wenger führt seine Tochter in der Stadt herum, so weit es die knappe Zeit erlaubt. Später macht sich Thérèse ein wenig mit der Schule vertraut und bezieht ihr Zimmer, das sie mit einer Amerikanerin und einer Italienerin teilt. Das Abendessen, zu dem Wenger seine Tochter noch einmal ausführt, beschließt den gemeinsamen Tag. Anschließend fährt Dr. Wenger nach London zurück. Dort bleibt er noch einen weiteren Tag, telefoniert mit seiner Tochter, und geht in eine Buchhandlung, in der er sich lange aufhält. Den Abend verbringt er in einem Kino. Der Film, nach James Joyces Roman *Ulysses*, nimmt ihn arg mit. Er hat eine sehr schlechte Nacht. Am darauf folgenden Morgen reist Dr. Wenger in die Schweiz zurück.

Das Geschehen, das sich über einen Zeitraum von drei Tagen erstreckt, wird linear erzählt. In dieser Zeit durchläuft Dr. Wenger, mehr als seine Tochter, einen Prozess schmerzhafter Erfahrungen.

Dr. Wenger ist ein erfolgreicher und angesehener Arzt, dem ein gehobener materieller sowie kultureller Lebensstandard selbstverständlich geworden ist. Dazu gehört eine standesgemäße Häuslichkeit, ein dezentes Auftreten, ein gewisser Geschmack. Diese Maßstäbe sind nicht die Thérèses, und sie reagiert – sehr zum Verdruss ihres Vaters – spontan und unbefangen auf das Neue, das sie umgibt. Wie sie sich ihrem Alter entsprechend unbeschwert äußert, wie sie sich verhält (Hippie-Episode), dagegen wirken Dr. Wengers abwehrende Replike aufgesetzt, klischeehaft und bemüht. So macht der Generationsunterschied die Trennung zu einem individuell jeweils anders erfahrenen Erlebnis. Hier die

Ängste und Unsicherheiten des Mannes, dem es sichtlich Mühe bereitet ›loszulassen‹, der zurückkehrt in seinen Routine-Alltag; dort die Aufbruchsneugier eines jungen Mädchens, das in eine andere Welt entlassen wird, die voller Überraschungen und Herausforderungen für sie ist, denen sie sich auf ihrem Wege zum Erwachsenwerden unvoreingenommen stellt. Ihre subtile Spannung erhält die Erzählung durch das Unvermögen Dr. Wengers, sich von den irrationalen Ängsten zu befreien, die ihn in der Abschiedssituation überkommen, und durch die hilflosen Versuche seiner Tochter, ihm die Trennung leichter zu machen, denn auch sie empfindet das Besondere der Situation, ohne sich aber in Sentimentalitäten zu verlieren. Zwar ist die Vater-Tochter-Beziehung eng und liebevoll. Beide finden jedoch nicht zu einer gemeinsamen Sprache. Somit thematisiert Andersch in dieser Erzählung auch die ›Sprachlosigkeit‹ zwischen den Generationen, zwischen den Menschen überhaupt, obwohl das auf gut 20 Seiten erzählte Geschehen sehr dialogintensiv angelegt ist. Das Mädchen arrangiert sich rasch und leichter mit der neuen Situation: »Thérèse hatte sich in einer Ecke neben dem Fenster etabliert. Auf dem Kleiderschrank lagen ihre Koffer. An der Wand hatte Thérèse mit einem Zellophanstreifen ein Foto ihrer Eltern und ihres Bruders befestigt« (233). Während sie damit dem Vergangenen in der Gegenwart einen adäquaten Platz zuweist, sieht ihr Vater darin einen Anhaltspunkt, den Abstand zwischen ihr und dem Elternhaus zu verkürzen, die Trennung gleichsam durch eine postalische Brücke aufzuheben, ihr das zu erleichtern, was ihn weitaus mehr schmerzt: »Ich werde dafür sorgen, daß auch Ueli dir so oft wie möglich schreibt« (233).
Je näher die Stunde der Trennung kommt, desto mehr wird sie für Dr. Wenger, den Röntgen-Spezialisten, zu einer Erfahrungsreise in sein Innerstes, das von Ängsten und Hilflosigkeit besetzt ist. Lebenssituationen aus der Vergangen-

heit, die er noch nicht verarbeitet hat, geraten in den Ge-
fühls- und Bewusstseinsstrudel um Abschied und Trennung:
die Schuld, in entscheidenden Augenblicken egoistisch ge-
dacht und gehandelt, die Last, einem todkranken Patienten
nicht die Wahrheit gesagt zu haben (227 f.).

»Man kann nicht immer zusammen bleiben« (237). Für diesen Trost, mit dem Dr. Wenger seiner Tochter, weit mehr jedoch sich selbst Mut zuspricht, muss er alle Selbstbeherr-
schung aufbieten. »Panik breitete sich in ihm aus [. . .]. Seine
Arme und Beine wurden starr; sein ganzer Körper geriet in
einen Krampfzustand« (237). Er bietet seiner Tochter an, sie
wieder mit nach Hause zu nehmen, ein letzter verbaler,
ganz und gar vergeblicher Versuch, sich selbst den Schmerz
des Abschiedes zu ersparen. Der Kinobesuch verstärkt in
ihm die »Stimmung von Dunkelheit, Nacht, Wind und Melancholie« (239) und verursacht ihm Alpträume. Von Angstvisionen gepackt, sieht er Thérèse »in einer Welt von Ge-
spenstern« (240). Sein Spiegelbild, dem er vor einem Schau-
fenster gegenübersteht, ist nichts als Schatten und Leere.
Dr. Wenger ist allein; er ist an seine Grenzen gestoßen. »Der
Mensch hat«, schreibt F. Beer, »alle Züge des Promethei-
schen oder Faustischen verloren; reduziert auf einen engen
Bereich, unsichtbar, aber unausweichlich gelenkt auf Kleines, Alltägliches, Unergiebiges, verliert er Kraft und Sicherheit.«[92] Mehr als einmal hatte er sich in diesen Tagen
gewünscht, diese Fahrt mit Thérèse nicht angetreten zu haben, mit dieser Situation der Trennung gar nicht erst konfrontiert worden zu sein (»zweifellos wäre es richtiger
gewesen, dachte er, wenn seine Frau Thérèse nach Oxford
gebracht hätte«, 231). Nun, da die Dinge aber entschieden
sind, kann er sie für sich nur mildern, indem er die Rückkehr nach Hause noch um einen weiteren Tag hinaus-
schiebt, ehe er wieder eintaucht in die Welt seiner Gewohn-
heiten. Auch er ein Liebhaber des Halbschattens, der,

92 Frank Beer, »Der Erzähler Alfred Andersch«, in: Haffmans (Anm. 1), S. 38.

plötzlich auf sich selbst geworfen, versagt, weil er einer Alltäglichkeit nicht ins Auge sehen kann, die sein Leben er-
schüttert und verändert.

»Wenn Andersch nach den Bedingungen unseres Lebens gefragt würde«, schreibt F. Beer, »gäbe er zweifelsfrei eine
Antwort, die unser Dasein als ein Wohnen am Rande des
Abgrundes darstellte [. . .].«[93] Thérèse hat, wie angesprochen, den Vorteil ihrer Jugend. Sie kann die Gegebenheiten
besser verarbeiten, ihre Gefühle rascher kontrollieren.
Dr. Wenger ist dieser ihn existentiell betreffenden Alltagssi-
tuation wehrlos ausgeliefert, und für ihn öffnet sich damit
der Abgrund jäher und absturznäher.

Worin bestand in Anderschs Leben das Neue, das Um-
bruchhafte, mit dem sich die Erzählung *Tochter* verknüpft
sieht? B. Jendricke erkennt in allem, was Andersch zwischen
1968 und 1971 geschrieben hat, ›Abschied‹ oder ›Veränderungen‹ als die inhaltlich durchgängigen und konstituieren-
den Themen.[94] Andersch trat in sein letztes Lebensjahr-
zehnt ein, wohl spürend, dass ihm nicht mehr viel Zeit bleiben würde. Er begann sein Alter wahrzunehmen, noch
mehr aber und voller Beunruhigung wieder und wieder die
politische Vergangenheit Deutschlands zu reflektieren, Ant-
worten zu suchen auf Fragen, die ihn sein ganzes Schrift-
steller-Dasein beschäftigt hielten. Die autobiografischen
Franz-Kien-Geschichten, von denen die erste 1962 geschrieben worden war und 1980 die letzte folgen würde,[95]
bilden dabei das Kernstück der literarischen Aufarbeitung

---

93 Beer, ebenda, S. 40.
94 Zu Erzählungen dieses Umfeldes zählen *Die erste Stunde, Ein Vormittag
    am Meer* oder *Noch schöner Wohnen*, alle aus dem Erzählband *Mein Ver-
    schwinden in Providence* (1971).
95 Die drei ersten Franz-Kien-Geschichten *Brüder, Festschrift für Captain
    Fleischer* und *Die Inseln im Winde* sind zwar autobiografisch, aber spiegeln
    nicht authentische Abschnitte der Biografie Alfred Anderschs. B. Jendricke
    macht darauf aufmerksam, sie »deshalb nicht in erster Linie nach den Maß-
    stäben der Authentizität« zu bewerten, sondern nach »Kriterien, die der li-
    terarischen Fiktion adäquat sind«. – Jendricke (Anm. 6), S. 102.

seines persönlichen, durch die jüngere deutsche Geschichte geprägten Lebens und künstlerischen Werdegangs. Der sehr privaten Erzählung *Tochter* folgten mit *Mein Verschwinden in Providence*, *Ein neuer Scheiterhaufen für alte Ketzer* (*Kritiken und Rezensionen*), mit *Winterspelt* und *Der Vater eines Mörders* Werke, in denen Andersch bis zu seinem Tode wieder stärker gesellschaftliche und politische Themen in den Fragehorizont des Lesers rückte.

Mein Verschwinden in Providence. Erschienen in dem Erzählband *Neun neue Erzählungen* (Zürich: Diogenes Verlag, 1971). Übersetzungen 1977 (F) und 1978 (E). Zitiert wird nach dem Band: Alfred Andersch, *Meistererzählungen* (Gütersloh: R. Mohn [o. J.]). Dieser Band folgt der Züricher Ausgabe von 1971.

Zum Abschluss von strapaziösen, aber ertragreichen Arbeitsmonaten brach Andersch im September 1970 zu einer weiteren Amerika-Reise auf. Er reiste allein; seine Frau und seine Tochter hielten sich zur selben Zeit in Sardinien auf. Andersch suchte einmal mehr den Abstand zu Europa. Er hatte den Wunsch, an denkwürdige Stätten seiner Vergangenheit zurückzukehren. Mit dem Goethe-Institut und einigen amerikanischen Universitäten wurde eine Vortragsreise vereinbart, die ihn zunächst nach New York führte. Trotz sehr freundschaftlicher Aufnahme und bester Begleitung durch den Doubleday Verlag, der sein Werk in den USA betreute, missfiel ihm die Stadt nach kurzer Zeit des Aufenthalts. Über Philadelphia und Washington kam er nach Rhode Island. Dort fühlte er sich zunächst recht wohl und genoss die Ausflüge in die Umgebung. Im Areal des ehemaligen Gefangenenlagers fand er hingegen nichts wieder, das seine Erinnerungen aufgefrischt hätte. Insgesamt von dem politischen Klima und dem Leben in den USA enttäuscht, brach er seine Verpflichtungen vorzeitig ab und

war froh, im Spätherbst des Jahres wieder in Berzona zu
sein.

Die Notizen dieser Reise verarbeitete Andersch in der Erzählung *Mein Verschwinden in Providence*. Zusammen mit
acht weiteren Erzählungen schickte er sie 1971 an D. Keel
(Diogenes Verlag). Die Erzählung überraschte allgemein,
wich sie doch – mit Ausnahme von *Noch schöner wohnen* –
durch ihre ungewöhnliche Komposition von den übrigen
Geschichten ab. Eine Startauflage der Erzählungen von
20000 Exemplaren half Andersch über ein Stimmungstief
hinweg, in das ihn eine teilweise anmaßende Kritik vor-
übergehend gestürzt hatte. Die Titelerzählung (*Mein Verschwinden in Providence*) wurde von namhaften Schriftsteller-Kollegen gelobt, u. a. von Max Frisch, und auch auf der
Buchmesse des Jahres 1971 fand sie bei Publikum und Kritik lebhaftes Interesse, sehr zur Freude und Genugtuung
des Autors, der sich bereits wieder anderen Aufgaben zuge-
wandt hatte.

Auf den ersten Blick mutet *Mein Verschwinden in Providence* eher wie ein Fragment denn wie eine fertige Erzählung an. Sie besteht aus 110 ungeordnet erscheinenden Text-
blöcken. Jeder Textblock jedoch, und hierin erkennt der Leser rasch die raffiniert durchdachte Komposition der Erzählung, weist drei Sätze auf. Sie ist Wolfgang Koeppen gewid-
met, dessen 1951 erschienener Roman *Tauben im Gras* ihr
formal als Vorbild diente.[96] Anderschs Erzählung trägt den
Untertitel *Vielleicht ein Roman-Entwurf*, der hintersinnig
auf den fragmentarisch erscheinenden Charakter der Niederschrift verweist. Einmal mehr äußerte Andersch darin
seine Skrupel, die jedesmal seinen Schaffensprozess beglei-
teten auf der Suche nach der Geschlossenheit von Aussage
und Ästhetik. Bereits 1961 hatte Andersch sich zu Vorbil-
dern des modernen Erzählens, wie es ihm vorschwebte, in

---

96 Wolfgang Koeppen hatte mit seinen Romanen *Tauben im Gras*, *Das Treib-
   haus* und *Der Tod in Rom* weit eher als andere deutsche Autoren an die
   literarische Moderne angeknüpft.

einem Interview geäußert: »Max Frisch [...] ist ein gutes
Beispiel dafür, wie man heute erzählen kann. Seine Qualität
liegt nicht darin, daß er die Tagebuch- und die Ich-Form be-
nutzt, sondern darin, daß er zweifelnd erzählt. Er versteht
es unnachahmlich, seine Leser in den Prozeß seiner Erfin-
dung einzubeziehen.«[97] Genau das vollzog Alfred Andersch
in der Erzählung *Mein Verschwinden in Providence* auf eine
irritierend facettenreiche Weise nach. Man muss sehr genau
lesen, um ihm wirklich folgen zu können, wie F. Schonauer
berechtigt anmahnt: »Zugänglich sind diese Erzählungen
nur einer wortgenauen Lektüre, welche die Zitate, die Anspielungen, Verweise, Querverbindungen und motivischen
Verknüpfungen, die sorgfältig abgestuften Beschreibungen
der Dinge, der Personen, der Stimmungen, der Farben und
so weiter zur Kenntnis nimmt und das Muster ihrer Zuein-
anderordnung, die Textur, begreift. Nur dem Leser, der sie
aufmerksam zu lesen versteht, geben sich diese Geschichten
als das zu erkennen, was sie sind: Beispiele einer zeitgenössischen Literatur, die ihre Relevanz keiner aufgesetzten
Tendenz, keiner ideologischen Draperie, verdankt.«[98]
Was geht in der Erzählung vor?
Der westdeutsche Autor T., bekannt genug, jedoch nicht
populär in des Wortes Bedeutung, bereist im Auftrag des
Goethe-Instituts die USA. Er trägt sich mit dem Gedanken,
einige der Orte aufzusuchen, an denen er sich vor mehr als
25 Jahren als Kriegsgefangener aufgehalten hatte. Unverse-
hens findet er sich erneut in Gefangenschaft, diesmal bei
dem älteren Ehepaar William und Eliza Dorrance. Eigentlich hat er alles, was er zu seinem Wohlbefinden benötigt,
auch jede erdenkliche Unterstützung für seine Arbeit, aber
er ist eben unfrei. »Nach dem Abendessen unterbreiteten
mir die Dorrances ihre Vorschläge. Ich sollte zwar als ihr
Gefangener leben, jedoch völlig frei schreiben können. Es

97 Bienek (Anm. 11), S. 146.
98 Franz Schonauer, »Die Wahrheit ist konkret«, in: Haffmans (Hrsg.)
(Anm. 1), S. 134.

würde mir an nichts mangeln« (325). T. wird seit dem
17. Oktober 1970 vermisst, nachdem er seinen Leihwagen
nicht abgegeben hatte. Zwei Tage später hatte er aus seinen
Werken vorlesen sollen. –
In dieser Erzählung lässt Andersch Details des Geschehens
von T. notieren und greift selbst beständig reflektierend und
kommentierend in das von T. Dargestellte ein mit Überlegungen zur Gesamtkonzeption des Romans. Wenn man so
will, handelt es sich bei dieser Erzählung um eine fein nuan-
cierte Beschreibung eines ästhetischen Prozesses, das Zustandekommen eines Romans, für den das vordergründige
Geschehen, das Verschwinden des Schriftstellers T., den Anlass bietet.[99] *Mein Verschwinden in Providence* ist eine Erzählung über den höchst schwierigen Prozess des Schreibens als Auseinandersetzung mit der Welt.
Die Erzählung setzt ein mit der unvermittelten Konfronta-
tion des Lesers mit dem Sachverhalt: »Roman als Kassiber.
T. entwirft ihn, während er in jenem Haus in der Benefit
Street gefangengehalten wird« (311). Diese Passagen sach-
licher Kurzbeschreibung, deliberierender Einschübe und
Kommentierungen durch Andersch nehmen etwa 50 der
110 Textsequenzen für sich in Anspruch. Die übrigen ent-
fallen auf die von T. dargestellten Vorgänge. Daraus ergeben
sich, nebeneinander gelesen, zwei unabhängige Texte, die
strukturell und inhaltlich jedoch engstens miteinander ver-
zahnt sind. –
T. hat ein Auto gemietet, um den Ort aufzusuchen, an dem
er vor 25 Jahren schon einmal war. Unterwegs stellt er fest,
dass er keine rechte Lust mehr dazu hat. Er stärkt sich in einem Fischrestaurant und fährt das Auto nach Providence
zurück. Dort besucht er das ›Athenäum‹, »eine der ältesten
Privatbibliotheken Amerikas« (316). Er schreibt eine Post-

---

99 Noch in seinen letzten Lebensjahren trug sich Andersch mit dem Gedanken, ein Buch über den Roman *Light in August* des amerikanischen
Schriftstellers William Faulkner zu schreiben, um daran ästhetische Prinzi-
pien aufzuzeigen.

karte nach Deutschland[100] und betritt anschließend den Vor-
garten eines Hauses, das ihn neugierig gemacht hat. Es ist
das Haus der Dorrances. T. wird hereingebeten und findet
sich am nächsten Morgen, »Sonntag, den 18. Oktober 1970,
auf einer Art Feldbett, angezogen, mit einer Wolldecke zu-
gedeckt« wieder, die »Hände mit Handschellen aneinander
gefesselt« (321). Später zeigen ihm seine Gastgeber Zei-
tungsausschnitte über die ergebnislos verlaufene Fahndung
nach ihm.
T., der das Zustandekommen seiner Situation zu rekonstru-
ieren und zu ergründen sucht, schreibt alles nieder. Un-
zufrieden erwähnt er die mangelnde Unterstützung durch
Mäzene; freimütig erläutert er den stets schwierigen und
gewundenen Zugang zum Thema (315). Er spricht über
Beklemmungen bei der Entscheidung, welche Dinge er
weglassen soll und welche nicht. Er spricht auch über die
Bedeutung des Erlebten für sein Schreiben generell und ist
besorgt, wie er seine Charaktere psychologisch glaubwür-
dig darstellen kann. Aus dem Geschriebenen liest er den
Dorrances vor und hat in William Dorrance einen kompe-
tenten Gesprächspartner, mit dem er interessante Diskus-
sionen über Literatur führt (330). Schließlich hat T. den Roman-Entwurf fertig. Er wird sich aus 15 Kapiteln aufbauen
(331). Die Kapitelfolge wird eine chronologisch angeord-
nete Handlung (Kapitel 1, 2, 4, 5, 7, 9, 11, 13, 14, 15) mit
Rückblenden (Kapitel 3, 6, 8, 10, 12) aufweisen. Daraus ergibt sich ein klares Bild der Vorgänge. Dennoch bleiben
Fragen offen, mit denen T. sich im Kontext der Roman-Ge-
nese noch zu beschäftigen haben wird. So überlegt Andersch z. B., ob er T. einen Pullover kaufen lassen soll; wichtig erscheint ihm auszuarbeiten, dass »T.s Libido im Verlauf
des Romans immer stärker von dem Verlangen nach Eliza
besetzt« wird (319); auch die Motive der Dorrances und
ihre Vorgehensweise verdienen genaueres Hinsehen: »Über-

---

100 Die Postkarte ist nach Bargfeld (Kreis Celle) ›adressiert‹. Dort lebte An-
    derschs Freund und Kollege Arno Schmidt.

legen, ob das Drogen- (Eliza's Rum-Tee) und Handschel-
len-Motiv albern ist. Wie wenn die Dorrances es gar nicht
nötig hätten, mit so groben Mitteln zu arbeiten? Sollten
nicht wenige Worte ausreichen, um T. zu ihrem Gefangenen
zu machen?« (332). Am problematischsten erscheint ihm
»die Arbeit des Verschmelzens der verschiedenen Zeit-Ebe-
nen in eine einzige Zeit, die Zeit des Romans« (332), ein of-
fenbar für Andersch nie in befriedigender Weise zu lösen-
des Problem. Noch im Nachwort zu seiner letzten Erzählung, *Der Vater eines Mörders*, wird er sich darüber Rechen-
schaft ablegen. Hingegen stellt er heraus, dass T. diesmal
wenigstens über den Schluss, »dieses Kreuz jedes Romans«,
im Reinen mit sich ist (332).
T. wird von Andersch als »ein Mann von etwas über Mittel-
größe, blasser Gesichtsfarbe, grauen Haaren, eine randlose
Brille tragend, mit einem hellen Regenmantel bekleidet«
(317), beschrieben. Unschwer ist in diesem Alter ego Andersch selbst auszumachen, wie vieles in dieser Erzählung
als ein teilweise ironisierter autobiografischer Reflex Anderschs zu lesen ist: da sind die literarischen Anspielungen
(Bargfeld, Köln); Ähnlichkeiten im äußeren Habitus (Regenmantel, Pfeife, Schreibutensilien); die human-ästheti-
schen ›Positionslichter‹ (Adorno); die literarhistorischen
Einsprengsel (Hopkins-House, Poe, Whitman); die wie ne-
benbei geäußerten Hinweise auf die Grundlagen der Demokratie; der Rückblick auf seine ›re-education‹-Zeit; endlich
die Andeutungen privatester Erfahrungen und Begegnun-
gen mit Menschen und Ländern (Irland). Dieser Rückzug
auf sich selbst (»Mein Verschwinden«) hebt einmal mehr
das Motiv der Flucht heraus, diesmal freilich als eine fremd-
bestimmte Isolation des Menschen und Schriftstellers T., die
natürlich gleichzeitig Anderschs eigene Befindlichkeit aus-
drückte.
Mein Verschwinden in Providence entstand in einer Zeit des
Abschieds vom Glauben an die Erneuerung der Demokratie. Es war die Zeit der großen Enttäuschung des Alfred

Andersch, jene Grundsätze immer wieder verbogen zu sehen, selbst dort, wo sie für ihn geboren worden waren, in den USA, auf die er gesetzt hatte und auf die sich sein politisches Weltbild gründete.[101]

Aus dem Englischen übersetzt heißt »providence«: Vorsehung, Schicksal, Fügung, Bestimmung. Andersch wäre nicht Andersch, ließe er uns nicht wissen, dass T.s geheimnisvolles Verschwinden nichts, aber auch gar nichts mit schicksalhafter Fügung zu tun hat. »Aus der Tatsache, daß ich in Providence verschwunden bin«, lässt er sein Alter ego schreiben, »läßt sich nicht mehr herauslesen, als daß ich in Providence verschwunden bin« (318). Deutet man das Wort »providence« als einen Begriff ironischer Distanzierung, mit dem Andersch wie so oft seine Aussagen abtönte, dann offenbart sich darin das Aufbegehren des Autors gegen die Zeit, sein ästhetischer Widerstand, umso nachdrücklicher. Zweifelsfrei spielt Andersch in der Erzählung die Rolle des Schriftstellers durch, die man ihm nach seiner Auffassung zugestand, die eines Gefangenen, dem – mit Einschränkungen – jede schöpferische Freiheit gewährt wird, solange sich Politik und Gesellschaft durch sie nicht in Frage gestellt sehen. Man muss sich in diesem Zusammenhang vergegenwärtigen, welchen Gegenwind Heinrich Böll im Jahre 1971 nach seiner Rückkehr von einer mehrwöchigen USA-Reise in Deutschland zu spüren bekam.[102]

Das Hinaustreten in die belebte Menge wird T. solange ver-

---

101 B. Jendricke nennt den Vietnam-Krieg, die Unterstützung des griechischen Junta-Regimes und den von den USA gelenkten Putsch gegen die sozialistische Allende-Regierung in Chile »Schlüsselerfahrungen, die sein Vertrauen in die Entwicklungsfähigkeit des Systems der bürgerlichen Demokratie endgültig zerstörten«. – Jendricke (Anm. 6), S. 99.

102 Im Zusammenhang mit den Terrorismus-Vorgängen (»RAF«) wurde Heinrich Böll, der globale Schuldzuschreibungen der Presse gegen die damalige »Baader-Meinhof-Bande« zurückwies und zu differenzierter Beurteilung aufrief, ja einzelnen Zeitungen Lügen und bewusste Verhetzung nachwies, in einem Atemzug mit den »geistigen Schrittmachern der Nazis« (G. Löwenthal) genannt. Weiterhin sah er sich anhaltender Verfolgung und Überwachung ausgesetzt.

wehrt, bis ihn ein Bart unkenntlich gemacht hatte (330).
»Von Gefangenschaft kann kaum noch die Rede sein«, und
nur manchmal warnt ihn Eliza Dorrance noch, wenn er
rausgeht: »Paß auf – man könnte dich erkennen« (333).
Was droht ihm, wenn er erkannt würde, was ihnen nach so
langer Zeit? Die Enthüllung einer Wahrheit, die keiner
mehr glaubt?: »Die Gefangenschaft«, schreibt Karl Korn,
»die wie ein masochistischer Wunschtraum erlebt wird, ent-
rückt den Schriftsteller in eine rätselhafte Irrealität.«[103] Irrealität bedeutet Abgegrenztheit von der Realität. Der gesellschaftliche Wirkungsradius eines Schriftstellers dort ist
gleich Null.
Es liegt nahe, die Erzählung als Metapher für die Unmög-
lichkeit des Schriftstellers (Andersch) zu lesen, in der ihn
umgebenden Gesellschaft frei und zugleich geschützt arbeiten zu können. Es ging Andersch aber auch, wie mehrfach
angedeutet, um den komplexen Vorgang, den Prozeß des
Schreibens selbst. Aus dieser Perspektive liest sich die Erzählung wie ein Schaffens-Protokoll des Autors über das
allmähliche Verfertigen der Form beim Schreiben. *Mein
Verschwinden in Providence* ist eine der interessantesten Erzählungen Anderschs. Das Einnehmende und Einprägsame
an ihr ist die filigranhafte Verschmelzung von Realität und
surrealistisch anmutender Fiktion. P. Demetz beschreibt die
Kunst Anderschs, wie sie auch in dieser Erzählung ablesbar
ist, als »eine eigene, hochkomplizierte Erzählmethode«, in
der er »seine eigenen Kombinationen aus parataktischer Beschreibung, zitiertem Gedanken und Selbstanalyse in ein artistisches Instrument [verwandelt], das nicht weniger Ästhetisches besitzt als die alte Kalligraphie, die er einst so
verachtete«.[104]

---

103 Karl Korn, »Paß auf, wenn du ausgehst!«, in: Haffmans (Hrsg.) (Anm. 1),
     S. 137.
104 Peter Demetz, »Alfred Andersch«, ebenda, S. 18.

Der Vater eines Mörders. Zürich 1980 (Diogenes Verlag). Es ist die letzte, erst nach dem Tode des Autors erschienene Erzählung Alfred Anderschs. 1985 wurde im ZDF ein Fernsehfilm gesendet, dem diese Erzählung zu Grunde lag.

Die Erzählung, eine ›Schulgeschichte‹, wurde von Alfred Andersch zwischen Mai und November 1979 unter schwersten gesundheitlichen Belastungen und im Wissen um den nahen Tod niedergeschrieben. Nur wenige Wochen, nachdem Andersch sich das Nachwort abgerungen hatte, starb er. Sie gilt, nicht nur für S. Reinhardt, als »sein Meisterstück unter den Erzählungen«. In ihr zeigte Andersch noch einmal, was er am besten konnte, nämlich erzählen, »atmosphärisch dicht, schnörkellos, spannend, psychologisch genau, ohne jede intellektuelle Putzsucht«, und sie ist, auch in meinen Augen, »eine der besten ›Schulgeschichten‹ überhaupt, ein zutiefst deutsches, das heißt im Schatten des Faschismus und gegen ihn geschriebenes Buch«.[105]

Mit dieser Erzählung kehrte Andersch noch einmal an den Anfang seiner lebensprägenden Erfahrungen zurück, zu seiner Jugend in München, zu der abgebrochenen Schulzeit am Wittelsbacher Gymnasium. Andersch kehrte mit dieser Erzählung, die den Reigen der sechs Franz-Kien-Geschichten beschließt, zurück zu dieser autobiografischen Figur. Noch in seinem letzten Lebensjahr hatte Andersch weitere geplant, von denen keine mehr abgeschlossen wurde.[106]

Die Schulgeschichte gibt eine Unterrichtsstunde wieder, »von der ersten bis zur letzten Minute« (137), die so oder nur wenig anders stattgefunden hat. Linear angelegt, weist sie im Gegensatz zu anderen Erzählungen, *Mein Ver-*

---

105 Reinhardt (Anm. 2), S. 624.
106 F. Hitzer bezeichnet die Erzählung als »lange Kurzgeschichte«. Plänen für weitere Geschichten Alfred Anderschs, die skizzenhaft fixiert sind, kam der Tod zuvor. – Vgl. Friedrich Hitzer, »Fragmente zu einem großen Plan«, in: Haffmans (Hrsg.) (Anm. 1), S. 307 ff.

Szene aus dem ZDF-Fernsehspiel »Vater eines Mörders«
mit Hans Korte als Direktor Gebhard Himmler und
Roland Jantz als Franz Kien

schwinden in Providence etwa, oder zu dem gewaltigen Roman *Winterspelt*, keine technisch-konstruktiven Raffinessen
aus. Erzählt wird in der 3. Person aus der Sicht des Schülers
Franz Kien. »Das Standfoto herauszukramen, hat mich ge-
reizt«, schrieb Andersch zu den Möglichkeiten und Proble-
men, die formale Seite dieser Erzählung zu bewältigen
(138).
Franz Kien, vierzehnjährig, wird in einer Griechischstunde
von dem unangemeldet den Unterricht inspizierenden
Schulleiter abgefragt und für nicht wert befunden, noch länger Schüler der Anstalt zu sein. Das ist der Inhalt; wahrlich
kein sensationeller, wie es scheint. Diese Prüfung (und
nichts anderes ist Gegenstand und Zentrum dieser Erzäh-

lung) wird von Andersch minutiös und ohne wertende Einmischung nachgezeichnet. Durch die Perfidie jedoch, die ihren Ablauf kennzeichnet, verliert sie ihre Alltäglichkeit und Banalität. Unter den obwaltenden Umständen gerät sie zu einem Akt psychischen Terrors, zu einem erschreckenden Beispiel für Willkür und Machtmissbrauch. Noch etwas macht erschrecken und enthebt die Erzählung der landläufigen Schulgeschichten-Ebene: die Tatsache, dass der Examinierende, Gebhard Himmler, »der Vater eines Mörders war« (134), des Reichsführers SS, Heinrich Himmler. Dadurch erhält sie ihre beklemmende Projektion »in die Zukunft« (134).

Neben der alles beherrschenden Figur des Gebhard Himmler bekommen zwei weitere Personen dieser Erzählung Profil: Konrad von Greiff, Sohn aus bester Familie, und eben jener Franz Kien, den sein Vater, EK I-Träger des Ersten Weltkrieges und Ludendorff-Anhänger, trotz bedrängender wirtschaftlicher Verhältnisse zusammen mit seinem Bruder Karl auf das renommierte Gymnasium geschickt hat, um ihnen den Weg in die gehobene Gesellschaft zu sichern. Greiff und Franz Kien setzen dem Schulleiter Widerstand entgegen: in lässiger Provokation von Greiff; beherrscht und still duldend Kien. Stets präsent, jedoch weitgehend im Hintergrund, bleiben in Franz' erinnernden Momentaufnahmen Kien sen. und Himmler jun., bleiben auch die Zeitumstände und geschichtlichen Hintergründe, für die Gebhard Himmler als Vertreter der älteren Generation Repräsentant und handelnder Interpret ist.

Der Vater eines Mörders ist noch einmal eine sehr persönliche Geschichte voller abschiednehmender Reminiszenzen an das Elternhaus. Sie scheinen auf in den Erinnerungen an das ungeliebte Geigenspiel (31); in den Äußerungen über die materiellen Einschränkungen, die sich die Familie auferlegen musste, als es mit Vater Kiens (Alfred Andersch sen.) Gesundheit bergab ging (61); im Bild der häuslichen Klassiker-Bibliothek (91); der Mutter, die den Nudelteig walkte (122); schließlich im knappen Porträt des Vaters, eines von

Schmerzen gezeichneten Mannes, »mit einem zu hitzigen
Farben neigenden Gesicht unter schwarzen Haaren« (122).
Mit diesen Bildern, die sich vor Franz Kiens Augen einstellen oder sinnend von ihm heraufbeschworen werden, während ihn der Schulleiter examiniert, grenzt er sich von der
anwesenden Welt ab und gewinnt seine innere Freiheit, die
fortan sein Handeln bestimmen wird.
Die erste Beklemmung nach dem unverhofften Auftreten
des »Rex«, so wird Direktor Gebhard Himmler genannt,
scheint sich bei den Schülern zu legen, als der Klassenbeste,
W. Schröter, zum Erklären einfacher phonetischer Merk-
male des Griechischen nach vorn geholt wird. Gelassen und
wie selbstverständlich beantwortet er die entsprechenden
Fragen. Der Rex schenkt ihm daraufhin keine weitere Auf-
merksamkeit, lässt ihn jedoch eine Weile (scheinbar unbeachtet) vor der Klasse stehen. Franz Kien ist deswegen irri-
tiert. Angesichts des harmlosen Auftakts, dem zunächst
auch nichts Beängstigendes folgt, verliert er seine Sorgen
und Bedenken. Da auch das weitere Abfragen ohne
Zwischenfälle verläuft, denkt er sich sogar für das Ende
der Stunde einen Jux aus. Einzig der Griechischlehrer
Dr. Kandlbinder zeigt sich nervös. Mit einem einzigen Satz
zerstört Andersch dann auch die vermeintliche Harmlosig-
keit der Situation und macht den Leser auf die wenig er-
freuliche, Franz Kien unmittelbar betreffende weitere Entwicklung in der Stunde aufmerksam: »Er ahnte nicht,
daß er nach dieser Stunde zu keinen Späßen irgendwelcher
Art mehr aufgelegt sein würde« (28).
Sehr rasch schwindet der Eindruck wohlwollend-väterlicher
Autorität des Direktors. Franz erinnert sich der Worte seines Vaters, der ihn vor dem Schulleiter gewarnt hatte: »Der
Mann ist gefährlich« (59). Franz hatte sich keinen Reim auf
diese Aussage machen können, ehe er erfuhr, dass Gebhard
Himmler, »schwarz bis in die Knochen« (60), mit seinem
Sohn gebrochen hatte, weil dieser ein Hitler-Anhänger war
und andere Überzeugungen vertrat. Franz hat keine Vor-
stellung von den Zusammenhängen; er kennt den jungen

Himmler nicht.[107] Im Gegensatz zu seinem Vater, aus dessen Worten eine gewisse Sympathie für Heinrich Himmler spricht, lehnt ihn Franz Kien gefühlsmäßig aber ab, weil dieser zu dem »antisemitischen Herrn Hitler gelaufen war« (71).

Als nächsten pickt sich der Rex Konrad von Greiff heraus. An diesem scheint er sich die Zähne auszubeißen. Eloquent und herausfordernd, ganz im Bewusstsein seiner Herkunft und mit einer kaum zu erschütternden Sicherheit, begegnet von Greiff den Fragen, die überwiegend Familiäres betreffen. Gebhard Himmler hat Mühe, das Gespräch zu kontrollieren und ist nahe daran, die Beherrschung zu verlieren. Er fängt sich rasch wieder, hat aber allen Humor und jede Verbindlichkeit verloren. Seine Äußerungen sind scharf und unmissverständlich missbilligend: »es ist ein Jammer, daß wir in Deutschland kein Militär mehr haben dürfen, [...] beim Militär würde dir schon beigebracht werden, was Disziplin heißt« (44 f.). Kalt und überlegen, ohne einen Verweis direkt auszusprechen, weist er den jungen Mann in seine Schranken: »Ich werde deinem Vater schreiben und ihn bitten, dich von dieser Schule zu nehmen [...]. So, wie ich ihn kenne, wird er darüber nicht begeistert sein. Aber er wird einsehen, daß es für einen solchen Lümmel wie dich auf meiner Schule keinen Platz gibt« (55).

Für Franz Kien steht fest, dass der Rex dieses Urteil schon gefällt hatte, noch ehe von Greiff seine erste Despektierlichkeit losließ: »Sie sind für mich überhaupt nichts weiter als ein Herr Himmler« (47). Ebenso rasch erkennt er, dass das Urteil über ihn selbst noch eher gefällt worden war, denn

---

107 Heinrich Himmler war zu diesem Zeitpunkt bereits 28 Jahre alt und längst kein unbeschriebenes Blatt mehr. Es klingt ein wenig konstruiert, dass Franz Kien, immerhin vierzehnjährig, von der politischen Karriere Heinrich Himmlers nichts gehört hat. Andererseits ist diese ›Verdunkelung‹ im Rahmen der Erzählung als Parallelisierung der gleichen psychologischen Ausgangssituation (Alleinsein) Franz Kiens und des historischen Heinrich Himmler von Alfred Andersch beabsichtigt und in diesem Kontext wichtiger als historische Detailtreue.

der Rex zitiert ihn als nächsten nach vorn. Im Vorbeigehen kanzelt er dabei noch einen Mitschüler wegen eines sichtbar getragenen Parteiabzeichens ab (68), ein nicht hinnehmbares Vergehen gegen die Schulordnung. Auch Dr. Kandlbinder erfährt nun, was es heißt, wenn der Rex seine Gemütlichkeit ablegt. »Es ist verdienstvoll, Franz Kien zu loben« (75). Diese mit einem bösen Lächeln vorgetragene Aufforderung zu einer Konjugationsübung mündet in eine psychische Parforcetour, in der Gebhard Himmler nichts auslässt, um Franz Kien nach allen Regeln einer bösen Kunst vorzuführen. Natürlich versagt der Schüler hier und auch, als der Rex zu dem Beispielsatz aus der Grammatik vordringt: »Es ist verdienstvoll, das Land zu loben« (79). Er treibt den hoffnungslos versagenden Franz Kien durch ein grammatisches Verhör. Selbstherrlich setzt er sich über die zugrunde gelegte Grammatik hinweg. Mit dem schüchterne Einwände erhebenden Griechischlehrer tritt Gebhard Himmler, anders als Franz gehofft hatte, in keinen Disput ein. Er wendet sich wieder seinem Schüler zu und sagt ihm in verletzender Kälte: »Du wirst die Obertertia nicht erreichen« (88). Damit jedoch nicht genug. In einem anschließenden zweiten Teil der Examination, den Franz als vollkommen überflüssig empfindet, da er sein Urteil ohnehin gesprochen weiß (»Es lohnt sich nicht, Franz Kien zu loben«, 88), gerät die griechische Grammatik zur Nebensache. Himmlers Ton wird schärfer, persönlicher, verletzender. Scheinheilig erkundigt er sich nach Franz' beruflichen Vorstellungen. Der Mitteilung seines Schülers, »Schriftsteller« werden zu wollen, begegnet er mit Arroganz und Verachtung. Nach seiner Vorstellung fehlen diesem dazu die elementarsten Bildungsvoraussetzungen wegen unzureichender Leistungen in den beiden Altsprachen, darüber hinaus aufgrund äußerst bescheidener Lektüre-Vorlieben (»Karl May«). In den weiteren Übungen zur griechischen Grammatik überfährt er nun auch seinen Kollegen Dr. Kandlbinder, als dieser sich erneut in die Befragung einmischt. Erregt stellt der Direktor den

Griechischlehrer bloß (106), um dann Franz Kien, der sich gedanklich bereits auf dem Rückzug befindet, noch enger in die Zange zu nehmen. Unvermittelt fragt er nach dem Befinden des Herrn Kien sen. Er, Franz Kien, honoriere mit seiner Faulheit die Verdienste eines Mannes wenig, »eines mit hohen Tapferkeitsorden dekorierten Offiziers, der wahrscheinlich unverschuldet in wirtschaftliche Bedrängnis geraten ist« (117). Die zur Entlastung der Familie gewährte Schulgeldbefreiung sei an Franz gänzlich vergeudet, nachdem auch sein Bruder Karl außer einer schönen Handschrift nichts an Wissen und Können aufzuweisen habe und die Schule ebenfalls vorzeitig verlassen werde. Bei diesem Gedanken erschrickt Franz Kien. »Zwei Söhne auf einmal! Da geht Vater dran zugrunde. Davon hat er doch gelebt – von der Hoffnung, daß wir auf die Universität gehen würden« (120). Für den nunmehr innerlich vor Wut bebenden Jungen erreicht der Rex den Gipfel der Bösartigkeit, als er nachfragt, wie es dem Vater gesundheitlich gehe, nur um abschließend, als er von dessen langer Krankheit hört, mit einem Bedauern, aber unumstößlich und rigoros festzustellen: »Da wird es ihn nicht freuen, zu erfahren, daß seine Söhne zur Ausbildung an höheren Schulen nicht geeignet sind« (121).

Gebhard Himmler hat sein Ziel erreicht: Dr. Kandlbinder hat seine Lektion ebenso erfahren wie der Primus der Klasse; nicht weniger der aufmüpfige Konrad von Greiff und Hugo Aletter; mit ihnen der Rest der Klasse. Am härtesten trifft es Franz Kien. Gebhard Himmler: Altphilologe und Leiter einer traditionsreichen Schule; Funktionär in einem gesellschaftlich hochbewerteten Amt, und doch nicht mehr als ein »autoritätsbesessener, gefühlloser Pedant«[108], als den ihn B. Jendricke bezeichnet. Gebhard Himmlers Handeln hat Methode. Einschüchterung, Erniedrigung, Bedrohung – dieses Instrumentarium wird von ihm beherrscht

108 Jendricke (Anm. 6), S. 124.

und flexibel auf die jeweilige Situation und das auserkorene
Opfer angewandt. Himmler erzwingt Anpassung und Unterwerfung, rückhaltlose Unterwerfung unter sein Diktat
(»meine Schule«). Er rottet aus. Analogien zum Dritten
Reich, das fünf Jahre später anbrach, stellen sich beim Leser
dieser Erzählung von selbst ein. Im Falle des Franz Kien
geht es Himmler nicht darum, die Schwächen seines Schülers aufzudecken, um darauf angemessen pädagogisch zu
reagieren. Dazu hätte es eines solchen Einsatzes nicht be-
durft. Längst hat er Kenntnis von dem mangelnden Fleiß
des jungen Mannes. Er nimmt den Tatbestand zum Anlass,
sich des wenig anpassungsbereiten Schülers zu entledigen,
dessen geringe Loyalität und Abneigung ihm, dem »Rex«
gegenüber, er kennt und in dieser Stunde intensiv zu spüren
bekommt. »Es ist verdienstvoll, Franz Kien zu loben« – natürlich will Gebhard Himmler diesen Schüler gar nicht loben, der nicht in das Bild seines Gymnasiums passt, ebenso
wenig wie der Bruder. Franz leistet keinen lauten Widerstand. Er geht in die ›innere Emigration‹ und rettet so seine
Würde und menschliche Überlegenheit. Nach seiner in der
Unterrichtsstunde erfolgten Relegation ist Franz Kien bald
wieder in seiner Welt. Ohne die Ängste und krampfhaften
Zwänge der Schule im Nacken, überlässt er sich fantasti-
schen Abenteuern und Erlebnissen: »Im Licht seiner Ta-
schenlampe las Franz noch eine Weile *Durchs wilde Kur-
distan*, er stützte dabei seinen Kopf auf den rechten Arm,
dann knipste er die Lampe aus und legte sich auf sein Kis-
sen zurück« (126).
»*Der Vater eines Mörders*«, schreibt F. Hitzer in seiner
Würdigung dieser letzten Erzählung Alfred Anderschs,
»kennzeichnet somit eine jener Grenzsituationen, bei der
Menschlichkeit – für alle Betroffenen – schon so weit be-
droht ist, daß man als Leser von heute dazu veranlaßt ist,
Linien bis in die Gegenwart zu ziehen«.[109] Andersch selbst

---

109 Hitzer (Anm. 106), S. 307.

wies jede Deutung dieser Erzählung ab, die sich von den ge-
gebenen Fakten (Griechischstunde, von Gebhard Himmler
gehalten) entfernt. Er verwahrte sich auch deutlich gegen
jede Unterstellung, er habe die Familie der Himmlers in
Bausch und Bogen verurteilen wollen, wenngleich Folgen
in der Persönlichkeitsentwicklung des jungen Heinrich
Himmler aus dem Vater-Sohn-Verhältnis nicht in Abrede
gestellt werden können. Sehr krass formulierte dies L. Harig, als er Gebhard Himmler bereits als Mörder einstufte,
noch ehe dessen Sohn sein Schreckenswerk richtig begonnen hatte.[110]
Ob zutreffend oder nicht – die Geschichte hat inzwischen
Heinrich Himmler erlebt, und seine verbrecherische politische Laufbahn ist nicht voraussetzungslos zustande gekom-
men. Ich denke, dem braucht an Interpretation nichts hin-
zugefügt zu werden.
Alfred Andersch hatte seine Erzählung als »eine politische
Bombe« angekündigt. Damit signalisierte er, der Sprache
mit Bedacht benutzte, einen deutlichen Bezug des Themas
zu unserer Gegenwart, der im Verhalten und den martiali-
schen Sprüchen des Rex förmlich und greifbar hergestellt
wird. Im beständigen Wechsel seiner Stimmungen und Gefühle hatte Andersch mehr als dreißig Jahre lang die demo-
kratische Entwicklung der Bundesrepublik aus mehr oder
weniger großem Abstand verfolgt. Immer fürchtete er den
Umschlag ins Faschistische, argwöhnte er, dass Deutschland den Weg in die Demokratie nie erfolgreich zu Ende
gehen könnte, weil es immer wieder zu viel Platz gab in
hohen Ämtern für die Gestrigen in unserer Republik. Und
er nannte sie beim Namen: den Bundespräsidenten Carl
Carstens und den Kanzlerkandidaten Franz Josef Strauß.
Die Vorstellung, einen ehemaligen SA-Mann und einen ehemaligen NS-Führungsoffizier an der Spitze der Bundesrepublik Deutschland zu sehen, löste Wut und Schrecken in

---

110 Ludwig Harig in: *Die Zeit* vom 10. Oktober 1980, zitiert bei Hitzer
  (Anm. 106), S. 302.

ihm aus. Er sah die Bundesrepublik dreißig Jahre nach ihrem Entstehen wieder dort, wo sie 1949 mit einem Stab von ehemaligen NS-Leuten in öffentlichen Ämtern ihren demokratischen Anfang genommen hatte. Die Richtung seiner Befürchtungen drückt er in zwei Sätzen seiner Erzählung durch Gebhard Himmler konkret aus: »Hoffentlich werdet ihr noch alle dienen müssen« und »hoffentlich ist das Reich bald wieder stark genug!« (46).

Nichts war Alfred Andersch unheimlicher als die Vorstellung, dass die Deutschen erneut einer Ideologie hörig würden, in der Menschenverachtung unter der Maske von Bildung und Bürgerlichkeit triumphieren könnte. »Schützt Humanismus denn vor gar nichts?« fragte er verzweifelt im Nachwort zu *Der Vater eines Mörders*.

Welche Fragen würde Andersch heute, 20 Jahre später, stellen?

IV. Literaturhinweise

1. Ausgaben

Deutsche Literatur in der Entscheidung. Ein Beitrag zur Analyse der literarischen Situation. Karlsruhe: Verlag Volk und Welt, 1948.

Die Kirschen der Freiheit. Frankfurt a. M.: Frankfurter Verlagsanstalt, 1952; Zürich: Diogenes Verlag, 1968; als Taschenbuch: Zürich: Diogenes Verlag, 1971.

Sansibar oder der letzte Grund. Olten / Freiburg i. Br.: Walter, 1957; Zürich: Diogenes Verlag, 1970; als Taschenbuch: Zürich: Diogenes Verlag, 1972.

Fahrerflucht. Hamburg: Hans-Bredow-Institut, 1958. Zusammen mit weiteren Hörspielen München: Deutscher Taschenbuch Verlag, 1965; Zürich: Diogenes Verlag, 1973.

Geister und Leute. Zehn Geschichten. Olten / Freiburg i. Br.: Walter, 1958; Zürich: Diogenes Verlag, 1974. Dieser Erzählband enthält u. a. »Die letzten vom Schwarzen Mann« und »In der Nacht der Giraffe«, zu denen Alfred Andersch auch Hörspielfassungen schrieb.

Die Rote. Roman. Olten / Freiburg i. Br.: Walter, 1960. Zürich: Diogenes Verlag, 1972.

Der Tod des James Dean. Funkmontage. St. Gallen: Tschudy Verlag, 1960; Zürich: Diogenes Verlag, 1973.

Wanderungen im Norden. Olten / Freiburg i. Br.: Walter, 1962; Zürich: Diogenes Verlag, 1970.

Ein Liebhaber des Halbschattens. Drei Erzählungen. Olten / Freiburg i. Br.: Walter, 1963; Zürich: Diogenes Verlag, 1974.

Bericht-Roman-Erzählungen. Olten / Freiburg i. Br.: Walter, 1965. Dieser Band enthält u. a. die beiden Romane »Die Kirschen der Freiheit« und »Sansibar oder der letzte Grund«.

Die Blindheit des Kunstwerks und andere Aufsätze. Frankfurt a. M.: Suhrkamp, 1965; Zürich: Diogenes Verlag, 1979.

Aus einem römischen Winter. Reisebilder. Olten / Freiburg i. Br.: Walter, 1966; Zürich: Diogenes Verlag, 1979.

Efraim. Roman. Zürich: Diogenes Verlag, 1967; Zürich: Diogenes Verlag, 1976.

Hohe Breitengrade oder Nachrichten von der Grenze. Mit 48 Farbtafeln nach Aufnahmen von Gisela Andersch. Zürich: Diogenes Verlag, 1967; als Taschenbuch: Zürich: Diogenes Verlag, 1984.

Tochter. Erzählung. Zürich: Diogenes Verlag, 1970.

Gesammelte Erzählungen. Zürich: Diogenes Verlag, 1971.

Mein Verschwinden in Providence. Neun neue Erzählungen. Zürich: Diogenes Verlag, 1971; als Taschenbuch: Zürich: Diogenes Verlag, 1979.

Die Rote. Roman. Zürich: Diogenes Verlag, 1972; als Taschenbuch: Zürich: Diogenes Verlag, 1974.

Norden Süden rechts und links. Von Reisen und Büchern 1951–1971. Zürich: Diogenes Verlag, 1972.

Winterspelt. Roman. Zürich: Diogenes Verlag, 1974; als Taschenbuch: Zürich: Diogenes Verlag, 1977.

empört euch der himmel ist blau. Gedichte und Nachdichtungen. Zürich: Diogenes Verlag, 1977.

Ein Briefwechsel: Alfred Andersch und Konstantin Simonow. Berlin [Ost]: Aufbau Verlag, 1978.

Das Alfred Andersch Lesebuch. Hrsg. von Gerd Haffmans. Zürich: Diogenes Verlag, 1979.

Neue Hörspiele. Zürich: Diogenes Verlag, 1979.

Studienausgabe in 15 Bänden. Zürich: Diogenes Verlag, 1979.

Der Vater eines Mörders. Erzählung. Zürich: Diogenes Verlag, 1980; als Taschenbuch: Zürich: Diogenes Verlag, 1982.

Flucht in Etrurien. Erzählungen. Zürich: Diogenes Verlag, 1981; als Taschenbuch: Zürich: Diogenes Verlag, 1983.

Es gibt kein fremdes Land. Briefe und Essays zu Krieg und Frieden von Alfred Andersch und Konstantin Simonow. Hrsg. von Friedrich Hitzer. Schwifting: Schwiftinger Galerie-Verlag, 1981.

Sämtliche Erzählungen. Zürich: Diogenes Verlag, 1983.

Der Briefwechsel mit Arno Schmidt. Hrsg. von Bernd Rauschenbach. Eine Edition der Arno Schmidt Stiftung. Zürich: Haffmans, 1985.

Erinnerte Gestalten. Frühe Erzählungen. Zürich: Diogenes Verlag, 1986.

Nicht aufgeführt sind hier die vielen Aufsätze, Essays und Reiseberichte (etwa 130 Titel), die nicht in Buchform erschienen sind.

Ferner listen wir die Hörspiele und Features, Übersetzungen sowie die zahlreichen Vor- und Nachworte im Einzelnen nicht auf, die Alfred Andersch zwischen 1947 und 1977 verfasst hat.

Zu erwähnen ist, dass Alfred Anderschs Hauptwerke in alle großen Kultursprachen der Welt übersetzt worden sind.

2. *Bearbeitungen Anderschs für Film und Fernsehen*

Sansibar. Fernsehfilm des SDR Stuttgart. Drehbuch: Leopold Ahlsen (1961). – Neuverfilmung unter der Regie von Bernhard Wicki (1985/86).
Die Rote. Film. Drehbuch: Alfred Andersch/Helmut Käutner (1962).
Haakons Hosentaschen. Film der ARD Hamburg von Alfred Andersch und Martin Bosboom (1966).
Winterspelt. Film. Regie: Eberhard Fechner (1978).
Der Vater eines Mörders. Fernsehspiel des ZDF Mainz. Regie: Carl-Heinz Caspari (1985).

3. *Bibliographien*

Andersch, Alfred: »einmal wirklich leben ...« Ein Tagebuch in Briefen an Hedwig Andersch. Hrsg. von Winfried Stephan. Zürich 1986.
Haffmans, Gerd (Hrsg.): Über Alfred Andersch. Essays–Aufsätze–Briefe. Zürich 1987 (3., verm. Neuausg.).
Jendricke, Bernhard: Alfred Andersch mit Selbstzeugnissen und Bilddokumenten. Reinbek bei Hamburg 1988. ³1994.

4. *Gespräche, Interviews*

Bienek, Horst: Werkstattgespräche mit Schriftstellern. München 1962. S. 113–124.
Bonilla, Kristina: Die Frage des Engagements. In: Richard Salis (Hrsg.): Motive. Selbstdarstellungen deutscher Autoren. Tübingen/Basel 1971. S. 17–23.
»empört euch der himmel ist blau«. Aussagen und Selbstaussagen des Schriftstellers Alfred Andersch, zsgetr. und montiert von Manfred Franke. Erstsendung im Deutschlandfunk am 8. Februar 1984.

Enzensberger, Hans Magnus: Die Literatur nach dem Tod der Literatur. Ein Gespräch mit Alfred Andersch. Sendung des Norddeutschen Rundfunks Hannover vom 1. Oktober 1974. Abgedr. in: Haffmans (Hrsg.), s. 3, S. 200 f.
Heißenbüttel, Helmut / Lehner, Horst Timm: Gedankenspiel in den Ardennen ... Sendung des Süddeutschen Rundfunks Stuttgart vom 29. November 1974. Abgedr. in: Haffmans (Hrsg.), s. 3, S. 222–236.
Interview mit Alfred Andersch: Fernsehen der deutschen und rätoromanischen Schweiz. Aufgezeichnet am 20. Januar 1980. Sendung des DRS am 16. April 1981.
Michel, Willy: Vom Engagement des Autors zur Rollendistanz des Erzählers: Alfred Andersch. In: Irmela Schneider (Hrsg.): Die Rolle des Autors. Analysen und Gespräche. Stuttgart 1981.
Stumm, Reinhardt: Wie politisch ist ein Schriftsteller? Gespräche mit Alfred Andersch. Aufgezeichnet am 18. März 1976. Abgedr. in: Haffmans (Hrsg.), s. 3, S. 236–265.

5. Gesamtdarstellungen, übergreifende Untersuchungen

Arnold, Heinz Ludwig (Hrsg.): Alfred Andersch. Text + Kritik. München. Heft 61/62, 1979.
Arnold, Heinz Ludwig: Die westdeutsche Literatur 1945 bis 1990. Ein kritischer Überblick. Göttingen 1993. (Taschenbuchausgabe: München 1995.)
Baier, Lothar: Alfred Andersch. Eine Skizze. In: A. A.: Meistererzählungen. Zürich 1992. S. 183–205.
Baumeister, Dörte: Alfred Andersch. Frankfurt a. M. 1995.
Bense, Max: Alfred Andersch. In: Klaus Nonnenmann (Hrsg.): Schriftsteller der Gegenwart. Deutsche Literatur. 53 Portraits. Freiburg i. Br. 1963.
Brunner, Maria E.: Der Deserteur und Erzähler Alfred Andersch. Daß nichts dunkel gesagt werden darf, was auch klar gesagt werden kann. Frankfurt a. M. 1997.
Bühlmann, Alfons: In der Faszination der Freiheit. Eine Untersuchung zur Struktur der Grundthematik im Werk von Alfred Andersch. Berlin 1973.
Burgauner, Christoph: Zur Romankunst Alfred Anderschs. Freiburg i. Br. 1965.

Demetz, Peter: Die süße Anarchie. Deutsche Literatur seit 1945. Eine kritische Einführung. Berlin 1970.

Franke, Hans-Peter [u. a.]: Von 1945 bis zur Gegenwart. Geschichte der deutschen Literatur. Bd. 6. Stuttgart 1987.

Geulen, Hans: Alfred Andersch. Probleme der dargestellten Erfahrung des »deutschen Irrtums«. In: Klaus Wagener (Hrsg.): Gegenwartsliteratur und Drittes Reich. Stuttgart 1977.

Guy, David J.: Die Problematik des Intellektuellen im Werk von Alfred Andersch. Diss. Zürich 1977.

Haffmans, Gerd (Hrsg.): Über Alfred Andersch. Essays–Aufsätze–Briefe. Zürich 1980. (In diesem Band finden sich zahlreiche maßgebliche Beiträge zu Leben und Werk Alfred Anderschs, auf die wiederholt Bezug genommen wird.)

Heidelberger-Leonhard, Irene / Wehdeking, Volker C.: Alfred Andersch. Perspektiven zu Leben und Werk. Frankfurt a. M. 1994.

Horst, Karl August: Kritischer Führer durch die deutsche Literatur der Gegenwart. München 1962.

Jendricke, Bernhard: Alfred Andersch mit Selbstzeugnissen und Bilddokumenten. Reinbek bei Hamburg 1988. ³1994.

Koberstein, Anja: Gott oder das Nichts. Sartre-Rezeption im frühen Nachkriegswerk von Alfred Andersch im Kontext der zeitgenössischen Existenzialismusdiskussion. Frankfurt a. M. 1996.

Kröll, Friedhelm: Die »Gruppe 47«. Soziale Lage und gesellschaftliches Bewußtsein literarischer Intelligenz in der Bundesrepublik. Stuttgart 1977.

Migner, Karl: Alfred Andersch. In: Dietrich Weber (Hrsg.): Deutsche Literatur seit 1945 in Einzeldarstellungen. Stuttgart 1968.

Pischdovdijan, Hrair: Menschenbild und Erzähltechnik in Alfred Anderschs Werken. Diss. Zürich 1978.

Reinhardt, Stephan: Alfred Andersch. Eine Biographie. Zürich 1990. (Taschenbuchausgabe: Zürich 1996.)

Reinhold, Ursula: Alfred Andersch. Politisches Engagement und literarische Wirksamkeit. Berlin 1977.

Richter, Hans Werner: Im Etablissement der Schmetterlinge. Einundzwanzig Portraits aus der Gruppe 47. München/Wien 1986. (Taschenbuchausgabe: München 1988.)

Schütz, Erhard: Alfred Andersch. München 1980.

Wehdeking, Volker C.: Alfred Andersch. Stuttgart 1983.

Wittmann, Livia Z.: Alfred Andersch. Stuttgart 1971.

6. Veröffentlichungen zu den erläuterten Werken

Die Kirschen der Freiheit

Böll, Heinrich: Trompetenstoß in schwüle Stille. In: Welt der Arbeit. Köln, 28. November 1952.

Brenner, Hans Georg: Die Kirschen der Freiheit. In: Literatur. München. Heft 15, 15. Oktober 1952.

Korn, Karl: Ein Deserteur stellt sich. In: Frankfurter Allgemeine Zeitung, 18. November 1952.

Mohler, Armin: Alfred Andersch: Die Kirschen der Freiheit. In: Das Historisch-Politische Buch. Göttingen. Heft 2, 1953.

Ragetelli, Gustav: Möglichkeiten autobiographischen Erzählens nach 1945. Typen und Tendenzen. Diss. Basel 1983.

Sansibar oder der letzte Grund

Ecker, Egon: Alfred Andersch. Sansibar oder der letzte Grund – Fahrerflucht. 6., erw. Aufl. Hollfeld i. Obfr. 1994.

Geißler, Rolf: Möglichkeiten des modernen Romans. Frankfurt a. M. / Berlin / Bonn 1962, S. 215–231.

Heißenbüttel, Helmut: Vom letzten Grund der Politik. In: Haffmans (Hrsg.), s. 5, S. 83–87.

Hinderer, Walter: Alfred Andersch: Sansibar oder der letzte Grund. Zwischen Politik und Ästhetik. In: Interpretationen: Romane des 20. Jahrhunderts. Bd. 2. Stuttgart 1993. S. 59–94.

Müller, Fred: Alfred Andersch: Sansibar oder der letzte Grund. Interpretationen. München 1988.

Poppe, Reiner: Alfred Andersch: Sansibar oder der letzte Grund – Vater eines Mörders – Fahrerflucht – Der Tod des James Dean. Unterrichtsbezogene Erläuterungen, Kommentare und Wertungen. Hollfeld i. Obfr. ³1997.

Schiller, Dieter: Stundenblätter: Alfred Andersch Sansibar oder der letzte Grund. Eine Einführung in den modernen Roman für Klasse 10. Stuttgart ⁹1997.

Schmidt, Arno: Das Land, aus dem man flüchtet. In: Haffmans (Hrsg.), s. 5, S. 87–94.

Sollmann, Kurt: Alfred Andersch: Sansibar oder der letzte Grund. Grundlagen und Gedanken zum Verständnis erzählender Literatur. Frankfurt a. M. 1994.

Weber, Albrecht (Hrsg.): Ein Roman in der Hauptschule: Alfred Andersch, *Sansibar oder der letzte Grund*. München 1974.

Winterspelt

Améry, Jean: Der Denkspieler und der Krieg. In: Weltwoche. Zürich, 20. November 1974.

Bekes, Peter: Wie man sich verweigert. Gedanken zum Verhältnis von Ideologie, Geschichte und Ästhetik in Anderschs *Winterspelt*. In: Arnold (Hrsg.), s. 5, S. 54–62.

Ferber, Christian: Ein Eifeldorf, Dezember 1944. In: Die Welt. Hamburg, 10. Oktober 1974.

Kesting, Hanjo: *Winterspelt*. Norddeutscher Rundfunk, 6. Oktober 1974.

Koeppen, Wolfgang: Die Leute von Winterspelt. In: Merkur. Stuttgart 1974. S. 1175–80.

– Alfred Anderschs Sandkastenspiele. In: W. K.: Die elenden Skribenten. Frankfurt a. M. 1981. S. 212 f.

Michaelis, Rolf: Höheres Indianerspiel. Ein Erzähler in der Sackgasse zwischen Zettelkasten und Sandkasten. In: Die Zeit. Hamburg, 4. Oktober 1974.

Mühlethaler, Stephen: Alfred Anderschs *Winterspelt*. Diss. Zürich 1979.

Reich-Ranicki, Marcel: Ein Kammerspiel inmitten der Katastrophe oder Sandwüste mit Oase. In: Frankfurter Allgemeine Zeitung, 8. Oktober 1974.

Scheller, Wolf: Plan ohne Chance. In: Wiesbadener Kurier, 16. August 1975.

Schütte, Wolfram: Sachbuch über Denkweisen im Möglichkeitsfall. In: Frankfurter Rundschau, 12. Oktober 1974.

Fahrerflucht – In der Nacht der Giraffe – Der Tod des James Dean

Fischer, Eugen K.: Das Hörspiel. Form und Funktion. Stuttgart 1964.

Klose, Werner: Didaktik des Hörspiels. Stuttgart 1974.

Knilli, Friedrich: Das Hörspiel. Mittel und Möglichkeiten eines totalen Schallspiels. Stuttgart 1961.

Schwitzke, Heinz: Das Hörspiel. Geschichte und Dramaturgie, Köln/Berlin 1963.

Hohe Breitengrade

Böse, Georg: Im Eis. Andersch unterwegs, meditierend. In: Saarbrückener Zeitung, 25. November 1969.

Heckmann, Herbert: »Hohe Breitengrade«. In: Haffmans (Hrsg.), s. 5, S. 128–131.

Heist, Walter: Flucht in die Arktis? In: Merkur 24, 1970. Heft 5.

Korn, Karl: In der Polarzone. In: Frankfurter Allgemeine Zeitung, 3. Januar 1971.

Piontek, Heinz: Arktische Erfahrungen. In: Stuttgarter Zeitung, 18. Oktober 1969.

Schiltknecht, Wilfried: Alfred Andersch – La Littérature en Voyage. In: Tribune de Lausanne, 26. April 1970.

Ein Liebhaber des Halbschattens

Engels, Günther: Fluchtgeschichten. In: Kölnische Rundschau, 25. August 1963.

Franke, Manfred: Denken und Sprechen in Geschichten. In: Rheinische Post, 28. September 1963.

Kraus, Wolfgang: Ein Schwächling und Liebhaber des Halbschattens. In: General-Anzeiger für Bonn, 6. September 1963.

Sieburg, Friedrich: Ein überzeugter Erzähler. In: Haffmans (Hrsg.), s. 5, S. 105–107.

Weber, Werner: Erzählungen von Alfred Andersch. In: Neue Zürcher Zeitung, 22. Juni 1963.

Tochter

Beer, Frank: Der Erzähler Alfred Andersch. Nachwort zu *Alte Peripherie*. Ausgewählte Erzählungen. Berlin/Weimar 1973.

Bühler, Alois: Ein Erzählwerk. In: Vorwärts. Basel, 7. Juli 1983.

Günther, Joachim: Liebenswerte Bagatelle. In: Berliner Tagesspiegel, 7. Juni 1970.

Karasek, Helmuth: Was man nicht immer kann ... In: Die Zeit. Hamburg, 7. August 1970.

Krolow, Karl: Gedämpft erzählt. In: Frankfurter Allgemeine Zeitung, 6. April 1970.

Mein Verschwinden in Providence

Fussenegger, Gertrud: Kunst zum Verwechseln ähnlich. In: Salzburger Nachrichten, 27. November 1971.

Kaiser, Joachim: Das Risiko der Schlichtheit. In: Süddeutsche Zeitung. München, 13. Oktober 1971.

Korn, Karl: Paß auf, wenn du ausgehst! In: Frankfurter Allgemeine Zeitung, 10. Oktober 1971.

Neumann, Robert: Alfred Andersch – Wer kann, der kann. In: Der Stern. Hamburg, 5. Dezember 1971.

Ross, Werner: Ein Autor verschwindet in Providence. In: Die Zeit. Hamburg, 12. November 1971.

Schonauer, Franz: Die Wahrheit ist konkret. In: Haffmans (Hrsg.), s. 5, S. 132–135.

Wallmann, Jürgen P.: Neue Prosa von Andersch. In: Die Welt. Hamburg, 28. Oktober 1971.

Weber, Werner: Erproben des Spiel-Raums. In: Neue Zürcher Zeitung, 28. November 1971.

Der Vater eines Mörders

Drewitz, Ingeborg: Himmlers Vater. In: Der Tagesspiegel. Berlin, 12. Oktober 1980.

Harig, Ludwig: Heilloses deutsches Wesen. In: Die Zeit. Hamburg, 10. Oktober 1980.

Helbling, Hanno: Der letzte Text. In: Neue Zürcher Zeitung, 22. August 1980.

Hitzer, Friedrich: Fragmente zu einem großen Plan. In: Haffmans (Hrsg.), s. 5, S. 290–309.

Kaiser, Joachim: Prüfung bei Rektor Himmler. In: Süddeutsche Zeitung. München, 28./29. Juni 1980.

Seybold, Eberhard: Schützt Humanismus denn vor gar nichts? In: Frankfurter Neue Presse, 26. November 1980.

Vollmann, Rolf: Das allerletzte Buch. In: Stuttgarter Zeitung, 7. Oktober 1980.

V. Abbildungsnachweis

Umschlagabbildung: Alfred Andersch. Foto: Isolde Ohlbaum, München.

Aus: Stephan Reinhardt: Alfred Andersch. Eine Biographie. Zürich: Diogenes Verlag, 1990. © 1990 by Diogenes Verlag AG, Zürich.